I0022261

Vouloir changer

Une approche axée sur le client traitant de l'usage d'alcool et de médicaments chez les aînés

Centre
for Addiction and
Mental Health
Centre de
toxicomanie et
de santé mentale

La Fondation de la recherche sur la toxicomanie est
une division du Centre de toxicomanie et de santé mentale

Copyright © 1998, Centre de toxicomanie et de santé mentale

Cet ouvrage ne peut être reproduit ou transmis, en totalité ou en partie et sous quelque forme que ce soit, par voie électronique ou mécanique, y compris par photocopie ou enregistrement, ou par voie de stockage d'information ou de système de récupération, sans la permission écrite de l'auteur – sauf pour une brève citation (d'un maximum de 200 mots) dans une revue spécialisée ou un ouvrage professionnel.

Pour de plus amples renseignements concernant cette ressource ainsi que les autres ressources de la division de la Fondation de la recherche sur la toxicomanie, ou pour passer une commande, prière de s'adresser à :

Centre de toxicomanie et de santé mentale
Services de marketing
33, rue Russell
Toronto (Ontario)
M5S 2S1
Téléphone : 1-800-661-1111 ou (416) 595-6059 à Toronto
C. élec. : mktg@arf.org

Available in English   ISBN 0-88868-318-9

2030/06-98/200   PG097   Imprimé au Canada

Remarque : Pour faciliter la lecture de ce document, le masculin est pris dans sa forme générale et englobe le féminin.

Le vent, le soleil et le voyageur

Un jour, le vent et le soleil baissèrent les yeux et aperçurent un voyageur qui marchait le long d'une route. Le vent paria avec le soleil qu'il pouvait forcer le voyageur à retirer son manteau. Le vent se mit à souffler, souffler, souffler. Tout ce qu'il réussit à faire fut d'inciter le voyageur à resserrer davantage son manteau contre lui plus il avançait. Finalement, le vent abandonna la partie. C'était maintenant au tour du soleil. Le soleil se mit à réchauffer la terre et le voyageur avait de plus en plus chaud. D'abord, il retira son foulard. Le soleil continua de réchauffer la terre. Puis, le voyageur retira son chapeau. Le soleil réchauffa la terre un peu plus. Et le voyageur retira finalement son manteau.

— Fable d'Ésope (traduction libre)

On peut réaliser ses objectifs en faisant des choix éclairés et en abordant le changement une étape à la fois.

ÉQUIPE DE PROJET

Jennifer Barr, chef de projet, Fondation de la recherche sur
  la toxicomanie, * Peterborough

Penny Stuart, rédactrice, Ottawa

ॐ

Jane Baron, ex-directrice, Enrichissement à la vie des aînés
  (LESA), Ottawa

Christine Bois, Fondation de la recherche sur la toxicomanie, *
  Perth

Virginia Carver, chef de projet intérimaire, Fondation
  de la recherche sur la toxicomanie, * Ottawa

Margaret Flower, Metro Addiction Assessment Referral Service, *
  Toronto

Wendy Freeman, Fondation de la recherche sur la toxicomanie, *
  Toronto

Simon Guillemette, Fondation de la recherche sur la toxicomanie, *
  Ottawa

Susan Harrison, chef de projet intérimaire, Fondation
  de la recherche sur la toxicomanie, * Est de l'Ontario

Margaret Kittel Canale, Fondation de la recherche sur
  la toxicomanie, * Toronto

Lise Nolet, Fondation de la recherche sur la toxicomanie, *
  Toronto

Lorna Sagorsky, Fondation de la recherche sur la toxicomanie, *
  Toronto

Cindy Smythe, Fondation de la recherche sur la toxicomanie, *
  London

Elizabeth Turnbull, Fondation de la recherche sur la toxicomanie,
*
  Toronto

RÉDACTION ET TRADUCTION

Julia Drake, *Drake Communications*, Toronto

Rodrigue Gilbert, traducteur indépendant

Myles Magner, Fondation de la recherche sur la toxicomanie, *
  Toronto

Élise Parent, Fondation de la recherche sur la toxicomanie, *
  Toronto

CONCEPTION GRAPHIQUE

Paula Poschun, Fondation de la recherche sur la toxicomanie, *
  Toronto

* La Fondation de la recherche sur la toxicomanie est une division
  du Centre de toxicomanie et de santé mentale.

Remerciements

L'équipe de projet remercie sincèrement les personnes et les
organismes qui ont contribué et apporté leur appui à l'élaboration
du document *Vouloir changer*; sans eux, ce projet n'aurait pas
été possible.

RECHERCHE

Le contenu de ce guide a été élaboré à partir des évaluations
du programme Enrichissement à la vie des aînés (LESA) adopté
au Centre de santé communautaire du centre-ville à Ottawa et
du Programme d'évaluation et de traitement de l'alcoolisme
et de la toxicomanie chez les personnes âgées (COPA) appliqué
à Toronto. Merci aux clients, bénévoles et intervenants qui ont
accepté de partager leurs expériences.

Le rapport récent intitulé *Participatory Research on Innovative Addictions Treatment for Older Adults: Clients of the LESA Program Describe What Makes a Difference*, rédigé par Paulette West et Kathryn Graham, a lui aussi largement inspiré le contenu de ce guide.

ÉVALUATION DES BESOINS

L'évaluation des besoins des fournisseurs de services en Ontario a servi de base et d'orientation au présent ouvrage. Nous remercions les répondants au sondage qui ont généreusement partagé leurs opinions, ainsi que Helen Youngson pour l'évaluation des besoins et le rapport.

GROUPES DE DISCUSSION

On a ensuite réuni des groupes de discussion où les intervenants ont exprimé leurs besoins de façon franche et nette. Nous les remercions, ainsi que les équipes d'organisation et Maryanne Hicks, responsable de la coordination et du rapport.

PROJETS PILOTES

Access Centre for Community Care de Lanark, Leeds et Grenville, Brockville
Metropolitan Toronto Housing Company Limited, Toronto
Services d'évaluation psychiatrique, Hôpital civique de
  Peterborough, Peterborough
Services de santé d'Ottawa-Carleton, Ottawa
Warden Woods Community Centre, Toronto

RÉVISEURS

Nous remercions les personnes suivantes pour avoir révisé les diverses ébauches du document et contribué à son élaboration :

Kathryn Graham, Fondation de la recherche sur la toxicomanie*,
  London
Wendy Knowles, Service d'évaluation psychiatrique pour les
  aînés, Peterborough
Pearl Isaac, Fondation de la recherche sur la toxicomanie, *
  Toronto
Christine McKay, Enrichissement à la vie des aînés, Ottawa
Eileen McKee, Programme d'évaluation et de traitement
de l'alcoolisme et de la toxicomanie chez les personnes âgées,
  Toronto
Philip Moorman, Enrichissement à la vie des aînés, Ottawa
Michèle Morin, Enrichissement à la vie des aînés, Ottawa
Patrick Smith, Fondation de la recherche sur la toxicomanie, *
  Toronto

REMERCIEMENTS SPÉCIAUX

Nous remercions tout particulièrement Margaret Flower et
son organisme, le *Metro Addiction Assessment Referral Service
(MAARS)*** pour le temps et les efforts qu'ils ont consacrés
à ce projet.

En outre, l'équipe du projet tient à remercier Jane Baron qui,
depuis sa retraite, a partagé son expérience et sa sagesse et
consacré plusieurs jours à la réalisation de ce guide. Elle a
apporté une contribution remarquable à bon nombre des
approches décrites dans le guide.

* La Fondation de la recherche sur la toxicomanie est une division du Centre
  de toxicomanie et de santé mentale.

** Le programme MAARS est un programme de l'Institut Downwood, une
  division du Centre de toxicomanie et de santé mentale.

Table des matières

Introduction

Le présent guide s'adresse aux intervenants professionnels des services sociaux et de santé qui, dans le cadre de leur travail auprès des aînés, sont amenés à l'occasion à traiter des problèmes liés à l'alcool et aux médicaments psychotropes. Il peut également servir aux intervenants des programmes de traitement de la toxicomanie qui conçoivent et améliorent des services à l'intention des aînés.

L'approche proposée dans le guide est globale, axée sur le client et considère la réduction des méfaits, ou la consommation réduite d'alcool ou de drogues (à défaut d'abstinence), comme un résultat acceptable du traitement. Cette approche peut différer quelque peu des méthodes utilisées jusqu'ici pour aborder les problèmes liés à la consommation abusive.

Le guide souligne qu'il vaut mieux aborder la consommation abusive de drogues ou d'alcool en concentrant ses efforts sur l'amélioration de l'état de santé et de bien-être des aînés. On peut faire toute une différence en aidant les clients à modifier certaines habitudes de vie pour améliorer leur santé et atténuer, sinon éliminer, leur consommation d'alcool ou de drogues.

À titre d'intervenant professionnel, vous possédez les meilleurs atouts pour venir en aide aux clients. Vous avez les aptitudes essentielles à une bonne communication et au soutien continu pour les aider à atténuer les problèmes liés à la consommation d'alcool ou de médicaments psychotropes.

Ce guide vous aidera à comprendre les forces en jeu dans l'usage abusif de drogues et vous mettra plus à l'aise pour discuter de la

1

question avec votre client.

Le guide est divisé en sept chapitres, et compte deux annexes :

CHAPITRE 1 : RENSEIGNEMENTS GÉNÉRAUX

Le chapitre 1 expose les raisons pour lesquelles il faut prévoir
divers traitements pour les aînés. On y décrit aussi deux
programmes canadiens qui ont profité aux aînés aux prises
avec des problèmes d'alcool ou d'autres drogues grâce
à une approche souple, axée sur le client.

CHAPITRE 2 : LE CLIENT — DÉTERMINER LE PROB-
LÈME

Le chapitre 2 s'intéresse au client, aux lignes directrices sur la
consommation d'alcool à faible risque, à la consommation exces-
sive, ainsi qu'aux difficultés à dissocier les problèmes d'alcool
ou de médicaments et les changements souvent attribuables au
vieillissement. On y précise aussi en quoi les clients âgés différent
des autres groupes d'âge en ce qui a trait à la consommation
d'alcool ou de médicaments ainsi qu'aux effets et aux habitudes
de consommation.

CHAPITRE 3 : CE QU'IL FAUT SAVOIR SUR LA
CONSOMMATION D'ALCOOL ET DE MÉDICAMENTS

Le chapitre 3 renferme des renseignements supplémentaires sur
l'alcool et les médicaments, y compris les diverses interactions
possibles lorsque l'alcool est consommé avec des médicaments
usuels. De plus, on y aborde les problèmes de sevrage de diverses
substances psychotropes.

CHAPITRE 4 : ÉVALUATION ET ÉTAPES DU CHANGE-
MENT

Le chapitre 4 porte sur certains aspects du processus d'évaluation des aînés, les «étapes du changement» et leur incidence sur les problèmes de consommation abusive de drogues ou d'alcool.

CHAPITRE 5 : COMMENT VENIR EN AIDE

Le chapitre 5 examine diverses façons d'aider les aînés qui ont des problèmes liés à la consommation de drogues ou d'alcool. On insiste sur l'importance d'établir d'abord de bons rapports avec le client avant d'aborder le problème.

CHAPITRE 6 : QUESTIONS SOUVENT POSÉES

Le chapitre 6 propose des réponses aux questions les plus courantes lorsqu'on traite une personne qui a des problèmes liés à l'alcool ou aux médicaments.

CHAPITRE 7 : ÉTUDES DE CAS

Le chapitre 7 décrit deux clients types et illustre le programme d'intervention auprès d'un aîné affecté par la consommation d'alcool ou de drogues.

ANNEXES

L'annexe A dresse une liste d'autres sources de renseignements.

L'annexe B est un formulaire de contrôle pour aider les clients à noter leur consommation d'alcool.

La bibliographie dresse la liste des documents utilisés pour rédiger le présent guide, ainsi que d'autres sources de renseignements.

Glossaire

Accoutumance : phénomène qui se produit lorsque l'organisme s'est adapté à une drogue et perd sa sensibilité à ses effets. La personne accoutumée à une drogue doit en consommer des quantités de plus en plus importantes pour retrouver l'effet voulu.

Aîné : personne âgée de 65 ans et plus. Dans certains cas, les personnes âgées de 55 à 64 ans tireront avantage de la formule décrite dans ce guide parce que leur situation est semblable à celle de nombreux aînés (p. ex. elles ne travaillent peut-être plus, elles peuvent être en mauvaise santé ou souffrir d'isolement social).

Déni : tendance à minimiser ou à nier la quantité d'alcool ou de médicaments consommée, ou les ravages causés par ces substances dans sa vie. Le déni est parfois considéré comme un obstacle au traitement des problèmes liés à la consommation d'alcool et de médicaments.

Dépendance physique : phénomène qui se produit lorsque l'organisme d'une personne s'adapte à la présence d'une drogue, développe une accoutumance à ses effets et éprouve des symptômes de sevrage lorsque cesse la consommation.

Dépendance psychologique : phénomène qui se produit lorsqu'une drogue devient si essentielle aux pensées, aux émotions et aux activités d'une personne qu'il lui est extrêmement difficile de cesser d'en consommer.

Drogue : terme utilisé pour décrire une substance «utilisée principalement pour modifier un processus ou un état existant, psychologique, physiologique ou biochimique» (Jacobs et Fehr, 1987). Dans le présent guide, par «drogue» on entend les drogues psychotropes, y compris l'alcool, qui a un effet dépresseur sur le système nerveux central, les médicaments et les autres drogues.

Intervenant : comprend les professionnels de la santé et des services sociaux connus sous divers titres tels que clinicien, thérapeute et fournisseur de services et qui interviennent auprès des aînés dans leur travail ou leur pratique.

Médicament : médicament d'ordonnance ou en vente libre que l'on peut se procurer dans un magasin ou une pharmacie. Dans le contexte du présent guide, le terme «médicament» désigne les médicaments psychotropes qui peuvent causer des problèmes aux aînés. Ce sont en général des médicaments qui agissent sur le système nerveux central tels que les somnifères ou les tranquillisants et les analgésiques, y compris ceux qui contiennent de la codéine ou de l'hydrocodone.

Médicament psychotrope : médicament qui agit sur le système nerveux central et altère l'humeur, ou la perception de soi ou de l'environnement.

Rechute : phénomène de retour au niveau problématique de consommation d'alcool ou de drogues après une période d'abstinence ou de réduction de la consommation. La rechute peut être brève (on l'appelle souvent un écart) ou plus prolongée.

Réduction des méfaits : méthode qui porte principalement sur la réduction des risques et des méfaits associés à la consommation d'alcool ou de drogues. Les programmes de réduction des méfaits aident le client à améliorer à court terme son état de santé et à réduire les méfaits associés à la consommation d'alcool et de drogues tant chez l'usager que pour la société. Les premiers exemples d'utilisation de la méthode de la réduction des méfaits dans le domaine de la santé publique sont notamment les programmes d'échange de seringues et les programmes de maintien à la méthadone. Des programmes spécialisés pour les aînés éprouvant des problèmes de consommation d'alcool ou de drogues appliquent aussi la méthode de réduction des méfaits.

Substance : terme utilisé en toxicomanie pour nommer les drogues (y compris l'alcool) qui produisent une dépendance physique ou psychologique.

Chapitre 1

Renseignements généraux

- Une approche axée sur le client

- Raisons pour lesquelles différentes possibilités
  de traitement sont nécessaires

- Services de counseling efficaces

Quand Pauline travaillait, elle contenait sa consommation d'alcool. Elle prenait son travail au sérieux, elle ne buvait donc jamais pendant la semaine. Après sa retraite, elle a emménagé avec sa soeur Laura pour partager les dépenses. Elle s'est mise alors à boire tous les jours. Laura ne recevait plus personne car elle ne savait jamais dans quel état d'ivresse serait Pauline à l'arrivée de ses invités. Pauline fumait au lit, ce qui préoccupait particulièrement Laura. Pauline pensait que sa soeur dramatisait, car Laura était contre le tabac et l'alcool pour des raisons morales. Lorsque Pauline est tombée et s'est fracturé la hanche, Laura a pris soin d'elle. Elles prétendaient que c'était un accident, même si elles savaient très bien que l'alcool était en partie responsable de la chute de Pauline.

Après les séances de consultation, Pauline a continué à boire beaucoup. Toutefois, comme du temps où elle travaillait, elle s'est fixé certaines limites. Elle ne buvait jamais avant 17 heures. Elle sortait lorsque sa soeur recevait. Elle ne fumait jamais dans sa chambre. Elle a payé pour faire nettoyer les tapis et les rideaux. Les deux soeurs ont fait la paix. Elles ont commencé à cuisiner ensemble et à partager leurs repas.

Une approche axée sur le client

Cette histoire ne se termine peut-être pas de la façon la plus souhaitable. Dans le meilleur des mondes, Pauline aurait pu complètement cesser de boire et de fumer. Parfois, l'intervenant doit donner la priorité aux petits changements en faveur de la santé ou de la sécurité dans l'espoir que, à mesure que la vie et les relations d'une personne s'améliorent, des changements plus importants suivront. Dans d'autres cas, si le client s'y sent disposé, l'intervenant peut l'aider à réduire de beaucoup sa consommation ou à s'abstenir complètement.

Ce guide décrit une approche de counseling et d'intervention auprès d'aînés confrontés à ces problèmes qui les aide à modifier leur comportement. Cette approche est souple, approuve les choix personnels et respecte le rythme individuel du changement. Parfois, cela signifie devoir accepter des décisions qui, aux yeux de l'intervenant, ne semblent pas être dans l'intérêt du client. Parfois, cela signifie devoir accepter que le client ne soit prêt qu'à avancer à petits pas vers le changement.

Cette approche s'inspire de deux programmes canadiens pionniers des programmes de traitement axés sur le client à l'intention des aînés aux prises avec des problèmes d'alcool ou de drogues. Le programme *Enrichissement à la vie des aînés (LESA)* a ouvert ses portes en 1981 au Centre de santé communautaire du centre-ville d'Ottawa, un organisme de services sociaux et de santé communautaire situé au centre-ville de la capitale. Le *Programme d'évaluation et de traitement de l'alcoolisme et de la toxicomanie chez les personnes âgées (COPA)*, pour sa part, a été lancé dans le secteur ouest de Toronto en 1983.

Suivant une formule non conflictuelle, globale, formatrice et adaptée aux capacités et désirs des clients, les deux programmes s'inspirent à la fois d'une thérapie individuelle (souvent au domicile du client), d'une thérapie de groupe et d'activités récréatives. Les programmes s'adressent spécialement aux aînés difficiles à joindre.

10

Les programmes LESA et COPA ont vu le jour à une époque, les années 1980, où la consommation d'alcool et de drogues était perçue comme une maladie par de nombreux programmes de traitement de la toxicomanie, où l'abstinence était le seul et unique objectif possible, et où tout autre changement dans la vie du client ne pouvait se produire qu'une fois réalisée l'abstinence.

Les intervenants des programmes LESA et COPA abordent les clients d'une façon différente. Ils n'exigent pas du client qu'il se définisse comme toxicomane ou qu'il épouse l'objectif d'abstinence avant d'obtenir de l'aide. Ils aident plutôt les clients âgés à envisager les problèmes d'alcool ou de médicaments comme faisant partie d'un ensemble d'enjeux liés à la vie et à la santé. Ils aident les clients à comprendre les effets de l'alcool et des médicaments sur leur santé et à trouver les moyens de réduire ou d'éliminer leur consommation problématique.

Le guide reprend les approches les plus efficaces des programmes LESA et COPA. Les exemples ont été modifiés pour assurer l'anonymat des clients.

Raisons pour lesquelles différentes possibilités de traitement sont nécessaires

Bien qu'utiles à des clients plus jeunes, de nombreux programmes de traitement de la toxicomanie sont dépourvus d'éléments d'intérêt spécifiques pour les aînés, qu'il s'agisse de vie courante, de santé ou de consommation de médicaments. Un homme de 65 ans pour qui la consommation de médicaments entraîne des problèmes n'a peut-être pas grand-chose en commun avec un jeune cocaïnomane de 25 ans. Une veuve de 70 ans qui consomme trop d'alcool depuis peu n'est pas dans la même situation que le propriétaire d'entreprise de 40 ans, alcoolique de longue date. Ainsi, il faut prévoir divers traitements pour les aînés, notamment pour certaines des raisons suivantes :

• Les problèmes des jeunes adultes (p. ex. emploi, mariage, éducation des enfants, démêlés juridiques) ne concernent peut-être pas les plus âgés.

• Les problèmes des aînés (p. ex. questions de santé reliées à l'âge, perte d'un être cher ou autres pertes, changements de rôle, isolement) ne concernent peut-être pas les jeunes adultes.

• Certains aînés peuvent hésiter à quitter leur maison, ou en sont incapables, pour participer à un programme de traitement. En outre, certains programmes ne sont pas accessibles aux clients plus âgés. Par exemple, les programmes ne sont peut-être pas offerts dans un endroit desservi par les transports en commun, qui dispose d'un ascenseur ou d'accès aux fauteuils roulants. Parfois, les documents fournis sont difficiles à lire.

• De nombreux programmes de traitement de la toxicomanie se concentrent essentiellement sur l'abstinence ou la réduction de la consommation. Certains aînés peuvent hésiter à participer à un programme qui exige cet objectif, ou à un autre où les participants doivent admettre un problème d'alcool ou de drogues avant d'y être acceptés. Pour certaines personnes âgées, la honte d'avoir à participer à un programme de traitement de la toxico-manie suffit peut-être à les empêcher de demander de l'aide.

• Certains programmes conçus pour les jeunes adultes sont trop épuisants pour les aînés, que ce soit parce que les séances de thérapie individuelle ou collective sont trop longues, ou qu'elles exigent des déplacements fréquents ou la participation à des activités obligatoires. Une formule qui tient compte du rythme et des besoins individuels des aînés et de leur situation particulière aurait peut-être plus de chance de réussir qu'un programme de traitement plus structuré.

Services de counseling efficaces

Le programme *Enrichissement à la vie des aînés (LESA)* d'Ottawa a fait ressortir que l'attitude des intervenants influait sur les rapports harmonieux avec les clients âgés (Bergin et Baron, 1992). Règle générale, l'intervenant doit être :

• à l'aise de travailler avec des clients qui ont des problèmes d'alcool ou de médicaments;
• capable de s'adapter au rythme du client, et d'apprécier la valeur des petits changements;
• sincèrement respectueux et réceptif à l'égard du client;
• capable d'encourager et de soutenir les clients de façon réaliste;
• plus intéressé par le processus que par les résultats;
• clair et cohérent quant aux objectifs escomptés, et pourtant souple dans l'application des techniques de counseling;
• créatif dans la façon de motiver les clients;
• capable de laisser les clients se défendre, s'interposant seulement lorsque nécessaire;
• personnellement axé sur la santé holistique;
• positif et optimiste, tout en acceptant l'inévitabilité de la mort;

- apte à travailler dans un milieu communautaire et multidisci-
  plinaire;
- convaincu que les aînés sont capables de changer et de croître.

Dans leurs commentaires sur le programme LESA, les clients ont dit avoir apprécié avant tout la possibilité de progresser à leur propre rythme et l'absence de pression.

Chapitre 2

Le client — Déterminer le problème

- Qui est le client?

- Consommation d'alcool et de médicaments chez les aînés

- Quand la consommation d'alcool ou de drogues devient-elle un problème?

- Lignes directrices sur la consommation à faible risque

- Distinguer les problèmes d'alcool et de médicaments des problèmes associés au vieillissement

- Motifs pour lesquels on consomme de l'alcool ou des médicaments

- Typologie de la consommation abusive d'alcool ou de drogues

- Résumé

Pierre, 75 ans, seul dans son appartement, attend une bière à la main l'arrivée de l'infirmière des soins à domicile. Il est content qu'elle vienne, car il aimerait bien parler à quelqu'un. Il a encore des problèmes avec son propriétaire, et l'état de sa hanche empire. Il ne parvient presque plus à marcher. Puis, il se rappelle qu'elle pourrait lui poser des questions sur ses médicaments. Il n'arrive pas à se rappeler s'il a pris sa pilule aujourd'hui. Il se rend jusqu'à l'armoire et prend deux pilules juste pour être certain. Une verte. Une rouge. Il finit sa bière et range soigneusement la bouteille. Elle n'a pas besoin de savoir que c'est sa quatrième bière de la journée.

L'alcool n'a jamais vraiment intéressé Gracia, 67 ans. Elle était toujours trop occupée à élever ses trois enfants et à entretenir sa maison. Bien sûr, de temps à autre, il y avait les beuveries de fin de semaine, mais rien de grave. Puis, son mari est mort il y a deux ans. Tous ses projets de retraite se sont éteints avec lui. Leurs deux vies étaient si fusionnées. L'année dernière, la soeur de Gracia est morte après avoir lutté longuement et péniblement contre le cancer. Au début, Gracia ne buvait qu'un verre ou deux le soir pour l'aider à dormir. Ses insomnies se sont empirées. Maintenant, elle boit tous les soirs et parfois tôt dans la journée. Naguère tirée à quatre épingles, elle ne prend même plus soin d'elle-même. Ses vieux amis l'évitent. Ses petits-enfants la soupçonnent de devenir sénile. Pourtant, se demande-t-elle, en quoi cela les concerne-t-il? Ils ont leur propre vie. Elle ne fait de mal à personne.

Qui est le client?

Dans le cadre de leur travail, les intervenants auprès des clients âgés sont susceptibles de rencontrer assez souvent des gens comme Pierre et Gracia. Parfois, comme c'est le cas de Gracia, les problèmes sont récents, visiblement liés à des événements précis. Parfois, comme c'est le cas de Pierre, si le problème de consommation d'alcool ou de drogues remonte à il y a longtemps ou est camouflé, le client fait face à divers problèmes de santé, y compris des problèmes liés à l'usage d'alcool et de médicaments psychotropes.

Mais qui est donc le client? La population des personnes âgées n'est pas homogène. Celles qui jouissent d'une santé stable, d'une situation financière convenable et de relations étroites sont à des années-lumière de celles qui font face à une maladie grave, à la pauvreté ou à un deuil récent. L'hérédité, le mode de vie, l'alimentation, l'attitude face à la vie, les croyances spirituelles et les expériences de vie influent sur la façon dont nous vieillissons, la façon dont nous concevons la vie et la façon de voir les choses.

Les habitudes de consommation d'alcool et de médicaments chez les personnes âgées ont des points en commun, mais sont différentes des habitudes des groupes plus jeunes.

Consommation d'alcool et de médicaments chez les aînés

Voici quelques éléments factuels concernant la consommation d'alcool et de médicaments d'ordonnance ou en vente libre chez les aînés.

ALCOOL

• En général, les aînés qui boivent de l'alcool consomment moins que les jeunes adultes.

• De petites quantités d'alcool peuvent aggraver des troubles de santé que l'on retrouve plus fréquemment chez les aînés comme le diabète, les troubles cardiaques ou d'hypertension, les maladies du foie ou de l'estomac.

• L'alcool est un dépresseur qui agit sur le système nerveux central et affaiblit la vigilance, la coordination et le jugement, prolonge le temps de réaction, et accroît les risques de chute ou d'accident. Les conséquences peuvent être plus graves chez les personnes âgées.

• On prescrit plus souvent aux aînés qu'aux jeunes des médicaments psychotropes (p. ex. somnifères et tranquillisants). L'alcool peut accroître l'effet de ces médicaments ou créer un mélange néfaste.

• En général, les aînés sont plus sensibles aux effets de l'alcool, phénomène qui s'explique par le fait que leur circulation sanguine est moins rapide, leurs reins et leur foie travaillent plus lentement pour éliminer l'alcool, sans compter que leur organisme contient moins d'eau pour diluer l'alcool. Comme les femmes sont plus petites que les hommes et que leur organisme contient, toutes proportions gardées, moins d'eau pour diluer l'alcool, les femmes plus âgées sont encore plus sensibles à ses effets.

LES MÉDICAMENTS

• Il est rare qu'une personne âgée consomme des drogues illégales, mais comparativement aux groupes de gens plus jeunes,

19

on prescrit davantage de médicaments aux aînés (y compris des médicaments psychotropes) et ceux-ci consomment plus de médicaments en vente libre.

• Les aînés sont plus susceptibles que les jeunes de prendre des médicaments d'ordonnance en combinaison avec d'autres médicaments en vente libre souvent pour traiter une maladie physique chronique.

• Les aînés peuvent avoir des problèmes qui viennent du temps où les médicaments psychotropes étaient prescrits plus librement qu'aujourd'hui.

• En général, les aînés sont plus sensibles aux effets des médicaments, phénomène qui s'explique par le fait que leur circulation sanguine est moins rapide, leurs reins et leur foie travaillent plus lentement pour éliminer les médicaments, sans compter que leur organisme contient moins d'eau pour les diluer. Comme les femmes sont plus petites que les hommes et que leur organisme contient, toutes proportions gardées, moins d'eau pour diluer les médicaments, les femmes plus âgées sont encore plus sensibles à leurs effets.

Quand la consommation d'alcool ou de drogues devient-elle un problème?

Il faut considérer les problèmes relatifs à la consommation abusive d'alcool ou de drogues comme un ensemble d'éléments homogènes. Plus vite on intervient, plus le client aura la chance d'apporter les changements nécessaires à sa vie. La consommation problématique d'alcool ou de médicaments psychotropes peut affecter de nombreux systèmes et appareils de l'organisme ainsi que de nombreux autres aspects du bien-être de la personne : psychosocial (p. ex. relations, mémoire), spirituel et environnemental (p. ex. conditions de vie à la maison).

Bien que le risque de problèmes augmente avec l'intensification de la consommation, ce risque n'en demeure pas moins présent à un niveau très faible de consommation (p. ex. quelques verres par jour auxquels on ajoute des médicaments psychotropes). Chez certains clients, les effets de la consommation abusive d'alcool ou de drogues sont très visibles et faciles à repérer (p. ex. ils boivent depuis longtemps, d'où de multiples problèmes d'ordre physique et psychologique). Tandis que chez d'autres clients, il sera plus difficile de déterminer si leur consommation contribue aux difficultés qu'ils éprouvent (p. ex. ils combinent peut-être un médicament thérapeutique ou psychotrope comme un tranquillisant avec un ou deux verres durant la soirée, ce qui provoque chez eux un peu de confusion, des étourdissements ou des chutes).

Voici une définition simple de la **consommation abusive d'alcool ou de drogues :** Il y a consommation abusive lorsque l'usage d'une drogue ou de l'alcool a des effets négatifs sur l'usager et que celui-ci continue d'en consommer en dépit de ces effets. Les conséquences peuvent se répercuter sur la santé physique, l'environnement, les liens avec les autres, la spiritualité, le statut juridique, pour ne nommer que ceux-là.

Lignes directrices sur la consommation à faible risque

Chez certaines personnes, la consommation d'alcool a des conséquences négatives parce qu'elles ignorent tout simplement quels sont les niveaux de consommation à faible risque. D'autres n'adaptent pas leur consommation à leur moins grande capacité d'absorber l'alcool au fur et à mesure qu'elles vieillissent. Les personnes âgées sont plus vulnérables que d'autres groupes aux effets de la consommation de petites quantités d'alcool, au mélange de l'alcool et des médicaments ou à la consommation de plusieurs médicaments. Les femmes de tout âge sont plus vulnérables que les hommes aux effets de l'alcool et des médicaments. (Pour de plus amples renseignements sur la consommation d'alcool et de drogues chez les femmes, voir le manuel intitulé *La majorité oubliée : Guide sur les questions de toxicomanie à l'intention des conseillers qui travaillent auprès des femmes.*)

Il faut informer les clients des lignes directrices car elles tiennent lieu d'objectifs qui les amèneront à réduire leur niveau de consommation abusive. Il convient toutefois de préciser que les limites de consommation recommandées dans les lignes directrices risquent d'être trop élevées pour beaucoup de personnes âgées et les personnes qui ont des antécédents de problèmes liés à l'alcool.

Les lignes directrices sur la consommation à faible risque pour les adultes en santé adoptées par la Fondation de la recherche sur la toxicomanie et l'Association pour la santé publique de l'Ontario en 1997 sont les suivantes :

• Ne jamais boire plus de deux verres standard par jour.
• Limiter sa consommation hebdomadaire à 14 verres standard

ou moins pour les hommes et à neuf verres standard ou moins pour les femmes.

- Boire lentement pour éviter l'ivresse. Attendre au moins une heure entre chaque verre et prendre de l'alcool avec de la nourriture et des boissons non alcoolisées.
- Si vous vous abstenez, ne pas commencer à boire de l'alcool pour son effet préventif contre les maladies cardiaques; l'exercice, une alimentation plus saine et l'abandon du tabac constituent des solutions de rechange moins risquées.
- Si vous décidez de consommer pour rechercher les effets préventifs de l'alcool, un verre tous les deux jours suffit.
- Si vous demandez de l'aide pour régler un problème de consommation d'alcool, prière de suivre les conseils de votre intervenant ou d'un professionnel de la santé.

Un verre standard équivaut à une bouteille de bière (5 % d'alcool) de 341 mL (12 oz); un verre de vin (12 % d'alcool) de 142 mL (5 oz); un verre de spiritueux (40 % d'alcool) de 43 mL (1,5 oz); un verre de vin fortifié, comme du sherry ou du porto (18 % d'alcool) de 85 mL (3 oz).

UN VERRE STANDARD =

bière	**ou**	vin	**ou**	spiriteux	**ou**	vin fortifié
341 mL		142 mL		43 mL		85 mL
(12 oz)		(5 oz)		(1,5 oz)		(3 oz)

Distinguer les problèmes d'alcool et de médicaments des problèmes associés au vieillissement

Il peut être difficile de dépister des problèmes d'alcool ou de médicaments chez les aînés, car les symptômes ressemblent parfois aux changements généralement associés au vieillissement. Les symptômes qui pourraient être révélateurs chez une personne jeune sont parfois attribués au vieillissement chez une personne âgée. Une chute est-elle signe d'intoxication, d'un problème lié aux médicaments ou d'instabilité due à une mobilité réduite ou à l'ostéoporose? Les pertes de mémoire sont-elles un signe de dépression, de démence, de consommation abusive d'alcool, ou d'une particularité typique à la personne qui, soit dit en passant, est vieille?

Le tableau suivant (ARF, 1993) illustre comment l'on peut parfois confondre la consommation abusive d'alcool et de médicaments avec des signes de vieillissement, et vice versa :

TABLEAU I : Comparaison des signes de consommation abusive d'alcool et de médicaments avec des signes de vieillissement

Signes possibles de consommation d'alcool ou de médicaments	Signes de vieillissement*
Confusion	Confusion
Désorientation	Désorientation
Perte de la mémoire à court terme	Perte de la mémoire à court terme
Ralentissement du processus de la pensée	Ralentissement du processus de la pensée
Perte de coordination musculaire et d'équilibre	Perte de coordination musculaire et d'équilibre
Tremblements	Tremblements
Gastrite	Gastrite
Dépression	Dépression
Arythmie cardiaque	Arythmie cardiaque
Hypertension artérielle	Hypertension artérielle
Malnutrition (mauvaise alimentation), déshydratation	Malnutrition (mauvaise alimentation), déshydratation

* Bien qu'associés au vieillissement, il faut noter que ces symptômes ne doivent pas être interprétés comme des conséquences inévitables du vieillissement.

Motifs pour lesquels on consomme de l'alcool ou des médicaments

Selon les cliniciens, lorsque les aînés éprouvent des problèmes de consommation d'alcool ou de drogues, les motifs qui les poussent à consommer diffèrent souvent de ceux des jeunes. Les aînés doivent parfois relever des défis qui augmentent leurs risques de connaître des problèmes liés à l'alcool ou aux médicaments.

Ces défis se manifestent dans les domaines suivants :
• psychosocial : retraite, changement des rôles familiaux, perte de camaraderie suivant le décès d'un partenaire, d'amis intimes, de membres de la famille ou d'un animal de compagnie; mobilité réduite, trous de mémoire, ennui, tristesse, anxiété, dépression, traumatismes (y compris traumatismes physiques, agression sexuelle ou expériences de guerre);
• spirituel : deuil non assumé, deuil de sa santé, désespoir, acceptation de la mort;
• physique : manque d'énergie, maux et douleurs physiques, troubles du sommeil;
• environnemental : difficultés financières, problèmes de logement, perte d'autonomie, manque de services de soutien, âgisme (manque de respect envers les aînés dans la collectivité et la société en général).

En outre, une personne âgée peut continuer de consommer une substance de façon dangereuse parce que cette personne est dépendante de l'alcool ou d'autres drogues et se sent incapable d'arrêter.

Typologie de la consommation abusive d'alcool ou de drogues

On peut généralement diviser les aînés qui éprouvent des problèmes d'alcool ou de médicaments en trois groupes dont les profils et les besoins sont distincts : les usagers abusifs précoces, les usagers abusifs intermittents et les usagers abusifs tardifs.

LES USAGERS ABUSIFS PRÉCOCES
• Les *usagers abusifs précoces* sont des personnes dont les pro-

blèmes de consommation d'alcool ou de médicaments psychotropes sont apparus tôt dans leur vie et persistent. Habituellement, les intervenants précisent que ces personnes se présentent pour un traitement à l'âge de 50 ou 60 ans, même si ce n'est pas la première fois qu'elles ont recours à ces services.

Les usagers abusifs précoces sont souvent appelés les «alcooliques chroniques». Habituellement, ces personnes ont tenté à plusieurs reprises d'interrompre leur consommation. Elles sont parfois dépassées par leurs problèmes actuels et n'entretiennent aucun espoir envers l'avenir. Elles n'ont pas confiance en leur capacité de changer et croient que toutes les chances jouent contre elles. Se fondant sur leurs sevrages précédents, elles pensent qu'arrêter de boire les conduira à une mort certaine.

• Le *défi* à relever auprès des usagers abusifs précoces est qu'il faut souvent leur inculquer les concepts de réussite et d'espoir dans une vie marquée par de longues années de problèmes découlant de l'usage d'alcool ou de drogues.

Il peut être nécessaire de traiter les conséquences négatives découlant d'une toxicomanie à long terme. Par exemple, le client peut avoir besoin d'un meilleur logement, d'une meilleure alimentation, de soins médicaux appropriés ou de l'aide pour organiser ses finances. Il peut être difficile pour l'intervenant de garder espoir et d'être créatif quand il a affaire à des problèmes chroniques graves.

LES USAGERS ABUSIFS INTERMITTENTS
• Les *usagers abusifs intermittents* sont les personnes qui ont déjà traversé des épisodes où ils ont éprouvé des problèmes de

consommation d'alcool ou de médicaments psychotropes mais qui ont aussi vécu de longues périodes d'abstinence. En général, ces clients se présentent pour un traitement parce qu'ils traversent une crise dans leur vie.

En général, ils maîtrisent leur consommation d'alcool ou de médicaments psychotropes, mais à l'occasion, des tensions familiales, juridiques ou professionnelles intensifient l'usage d'alcool ou de médicaments et les problèmes résultant de cet usage accru. À la fin de chaque épisode ou problème, l'usage abusif est résolu.

• Le *défi* consiste à aider les usagers abusifs intermittents à reconnaître que leur sensibilité physique à l'alcool et aux médicaments s'aiguise avec l'âge et que le risque associé à la consommation abusive périodique s'accroît lui aussi avec l'âge.

• D'autres *défis* à relever en présence d'usagers abusifs intermittents (lesquels se posent également avec les usagers abusifs tardifs) consistent à déterminer et à aborder les problèmes sous-jacents qui ont amené les changements dans les habitudes de consommation du client, et à trouver des façons de renseigner le client sur les effets de l'alcool et des médicaments psychotropes.

Les usagers abusifs intermittents peuvent également être incapables de distinguer le lien entre leur consommation abusive et leurs problèmes actuels. Ils peuvent affirmer sans se tromper qu'ils consomment la même quantité d'alcool ou de médicaments qu'auparavant, voire moins, ce qui peut rendre le dépistage et le traitement difficiles pour l'intervenant. (Voir aussi *usagers abusifs tardifs*).

LES USAGERS ABUSIFS TARDIFS

• Les *usagers abusifs tardifs* sont des personnes dont les tout premiers problèmes liés à l'alcool ou aux drogues psychotropes se manifestent à un âge avancé. Selon les intervenants, ces personnes commencent généralement à avoir des problèmes après l'âge de 65 ans.

Ces personnes ont peut-être consommé de l'alcool ou des médicaments psychotropes alors qu'elles étaient plus jeunes, entre amis, mais cette consommation n'avait causé aucun problème. Des problèmes se manifestent toutefois à un âge plus avancé, peut-être en raison d'une consommation plus intense ou d'une plus grande sensibilité aux substances consommées. En général, ces personnes se souviennent clairement des motifs qui les ont poussées à intensifier leur consommation d'alcool ou de médicaments.

Ces motifs sont souvent liés à l'âge (comme les changements au mode de vie après la retraite ou les pertes associées au vieillissement). Lorsqu'elles demandent de l'aide, la plupart ont subi moins de pertes physiques, affectives ou financières que les usagers abusifs précoces. Ainsi, leurs habitudes ne sont pas bien ancrées, et leur réseau de soutien est probablement encore intact.

• Le *défi* à relever en présence d'usagers abusifs tardifs (qu'il faut également relever avec les usagers abusifs intermittents) réside dans le fait qu'il faut habituellement trouver un moyen de traiter les problèmes sous-jacents au changement de l'ancien rythme de vie et aider les clients à comprendre les effets néfastes de la consommation d'alcool ou de médicaments psychotropes.

Il est souvent facile de reconnaître les causes du changement.
On retrouve généralement chez l'usager abusif tardif une perte
récente, un changement de rôle ou un changement de l'état de
santé. Il est important d'écouter ce que le client pense de ces
changements survenus récemment dans sa vie (p. ex. les cinq
dernières années) et d'observer la façon dont il fait face à ces
changements. Par exemple, est-ce que le client fait face à des
deuils non résolus en buvant ou en prenant des médicaments
psychotropes?

Les intervenants ont constaté que les usagers abusifs tardifs sont
en général plus réceptifs au changement de mode de vie qu'im-
pose la résolution de problèmes. Bien qu'au départ ils ne reconnaissent pas toujours que leurs problèmes sont reliés à leur usage
d'alcool ou de drogues, leur mémoire est encore fraîchement
imprégnée du temps où ils se sentaient mieux dans leur peau et
fonctionnaient mieux. Ils ont souvent un meilleur amour-propre
et une plus grande confiance en eux que les usagers abusifs qui
ont commencé à consommer plus tôt dans leur vie. Pour l'intervenant, le *double défi* consiste à examiner la crise qui a provoqué
le changement et à aider le client à comprendre les effets néfastes
de sa consommation d'alcool ou de médicaments.

Résumé

Comparativement aux jeunes adultes, les personnes âgées
consomment en général moins d'alcool, mais sont plus susceptibles de prendre des médicaments psychotropes. Les aînés sont
habituellement plus vulnérables que les adultes aux effets des
substances psychotropes. Leurs problèmes constituent un ensem-

ble homogène qui peut se manifester même si l'aîné consomme peu. C'est pour cette raison qu'il est important que les aînés connaissent les lignes directrices sur la consommation à faible risque. Les problèmes reliés à la consommation d'alcool et de médicaments psychotropes peuvent être confondus avec les signes du vieillissement. Les aînés qui ont des problèmes d'alcool ou de médicaments psychotropes sont classés dans trois groupes : les usagers abusifs précoces, intermittents et tardifs.

Chapitre 3

Ce qu'il faut savoir au sujet de la consommation d'alcool et de médicaments

- L'alcool et les maladies chroniques

- Les interactions alcool-médicaments

- La dépendance et le sevrage

- Résumé

L'alcool et les maladies chroniques

Certains problèmes médicaux chroniques ou aigus peuvent faire obstacle au métabolisme des médicaments ou de l'alcool chez les personnes âgées. L'alcool entrave le contrôle de nombreuses maladies chroniques comme le diabète, l'épilepsie, la goutte, l'hypertension artérielle et les troubles cardiaques.

Les interactions alcool-médicaments

L'alcool peut interagir avec les médicaments. Les interactions entre les médicaments et l'alcool sont présentées brièvement au tableau 2. Les facteurs pouvant influer sur la gravité et l'importance des interactions sont notamment :
- l'âge,
- le sexe,
- la quantité consommée,
- la consommation chronique ou occasionnelle,
- l'état général de santé,
- le mélange de médicaments consommés.

N'oubliez pas ceci :
- L'alcool peut masquer les symptômes précurseurs importants d'une maladie (p. ex. douleur annonçant une crise d'angine).
- Des lésions aux organes dues à l'alcool peuvent modifier les réactions de l'organisme à un médicament.
- Lorsque l'alcool est associé aux médicaments, l'efficacité des médicaments peut être altérée, ce qui peut aggraver les problèmes médicaux.
- Les personnes âgées ont tendance à être plus sensibles aux effets de l'alcool et des médicaments et elles prennent souvent plusieurs médicaments à la fois.

TABLEAU 2 : Interactions entre des médicaments usuels et l'alcool
Remarque : De nombreuses autres interactions sont possibles mises à part celles décrites ci-dessous.

Maladie traitée	Exemples de médicaments usuels (et marques de commerce)	Associés à l'alcool peuvent causer :
Allergie, toux, rhume	Diphénhydramine (Benadryl[MD]) Médicaments contenant du chlorphéniramine (p. ex. Chlor-Tripolon[MD], Contac C[MD], Neo Citran[MD], etc.) Autres combinaisons (Triaminic[MD], Actifed[MD], Benylin[MD] avec codéine, Robitussin AC[MD], etc.)	Somnolence excessive Troubles de la coordination Trouble de l'élocution Confusion Risques accrus de chute Intoxication rapide
Anxiété, insomnie	*Benzodiazépines :* Diazépam (Novodipam[MD], Valium[MD]) Chlordiazépoxide (Librium[MD]) Lorazépam (Ativan[MD]) Oxazépam (Serax[MD]) Triazolam (Halcion[MD]) Alprazolam (Xanax[MD]) Temazépam (Restoril[MD]) Clonazépam (Rivotril[MD]) Flurazépam (Dalmane[MD])	Effets secondaires moins fréquents : Difficulté à respirer Perte de conscience Mort **Les réactions possibles vont de bénines (sommeil accru) à graves (perte de conscience et mort).**

Maladie traitée	Exemples de médicaments usuels (et marques de commerce)	Associés à l'alcool peuvent causer :
Anxiété, insomnie (suite)	*Sédatifs/Hypnotiques :* Médicaments contenant du butalbital (Fiorinal^MD) Hydrate de chloral Dimenhydrinate (Sleep Eeze^MD, Gravol^MD, Sominex^MD, etc.) Phénobarbital	Somnolence excessive Troubles de la coordination Trouble de l'élocution Confusion Risques accrus de chute Intoxication rapide
Dépression	Amitriptyline (Elavil^MD) Doxépine (Sinequan^MD) Imipramine (Tofranil^MD) Fluvoxamine (Luvox^MD) Trazodone (Desyrel^MD) Paroxétine (Paxil^MD)	Effets secondaires moins fréquents : Difficulté à respirer Perte de conscience Mort
Épilepsie	Phénobarbital Phénytoïne (Dilantin^MD) Primidone (Mysoline^MD) Carbamazépine (Tegretol^MD) Clonazépam (Rivotril^MD)	***Les réactions possibles vont de bénines (sommeil accru) à graves (perte de conscience et mort).***
Troubles gastro-intestinaux	Métoclopramide (Maxeran^MD) Ranitidine (Zantac^MD)	
Hypertension	Vérapamil (Isoptin^MD)	
Spasmes musculaires	Cyclobenzaprine (Flexeril^MD) Méthocarbamol (Robaxin^MD, Robaxisal^MD, etc.)	

Maladie traitée	Exemples de médicaments usuels (et marques de commerce)	Associés à l'alcool peuvent causer :
Nausée	Dimenhydrinate (Gravol[MD])	Somnolence excessive Troubles de la coordination Trouble de l'élocution Confusion Risques accrus de chute Intoxication rapide
Douleur	*Analgésiques opioïdes :* Médicaments contenant de la codéine (Tylenol #1, #2, #3, #4[MD], 222[MD], Empracet[MD], Codéine Contin, Fiorinal[MD] avec codéine, Benylin[MD] avec codéine, etc.) Mépéridine (Demerol[MD]) Morphine (MS Contin[MD], Kadian[MD], M.O.S.[MD], M-Eslon[MD], etc.) Mélanges contenant de l'oxycodone (Percocet[MD], Percodan[MD], etc.) Pentazocine (Talwin[MD])	Effets secondaires moins fréquents : Difficulté à respirer Perte de conscience Mort ***Les réactions possibles vont de bénines (sommeil accru) à graves (perte de conscience et mort).***
Psychoses	Chlorpromazine (Largactil[MD]) Halopéridol (Haldol[MD]) Loxapine (Loxapac[MD]) Thioridazine (Mellaril[MD]) Dinitrate d'isosorbide (Isordil[MD]) Produits contenant de la nitroglycérine	
Angine de poitrine, hyper-tension artérielle	ASA (Aspirin[MD]) Warfarine (Coumadin[MD])	Étourdissement, évanouissement, perte de conscience possible
Troubles de la coagulation du sang		Irritation gastrique accrue pouvant entraîner des saignements

Maladie traitée	Exemples de médicaments usuels (et marques de commerce)	Associés à l'alcool peuvent causer :
Douleur (arthrite, inflammation ou fièvre)	ASA (Aspirin[MD]) Diclofénac (Voltaren[MD]) Indométhacine (Indocid[MD]) Naproxen (Naprosyn[MD])	Irritation gastrique accrue pouvant entraîner des saignements
Infections bactériennes	Doxycycline (Vibra-Tabs[MD]) Isoniazide	Effet modifié des antibiotiques
Infections fongiques	Kétoconazole (Nizoral[MD]) Métronidazole (Flagyl[MD])	Réaction grave possible au disulfirame (Antabuse[MD]) (p. ex. rougeur du visage, mal de tête, nausée, vomissements, rythme cardiaque rapide, essoufflement)
Diabète	Chlorpropamide (Diabinese[MD]) Tolbutamide (Orinase[MD])	
Arthrite ou cancer	Méthotrexate (Rheumatrex[MD])	Risque accru de lésions au foie, particulièrement chez les alcooliques chroniques
Douleur ou fièvre	Produits contenant de l'acétaminophène (Tylenol[MD], Tempra[MD], Atasol[MD], Percocet[MD], 222[MD]AF, etc.)	

Source : Fondation de la recherche sur la toxicomanie, Enrichissement à la vie des aînés et Programme d'évaluation du traitement de l'alcoolisme chez les personnes âgées (1993)

La dépendance et le sevrage

DÉPENDANCE

Les personnes qui consomment des substances psychotropes de façon régulière peuvent développer une dépendance. Les personnes dépendantes d'une drogue peuvent présenter l'un ou l'autre des état suivants : dépendance physique, dépendance psychologique ou accoutumance aux effets de cette drogue.

• La *dépendance physique* survient lorsque l'organisme de l'usager s'adapte à la présence d'une drogue, développe une accoutumance à ses effets et éprouve des symptômes de sevrage s'il interrompt sa consommation.

• La *dépendance psychologique* survient lorsque la substance se situe au centre des émotions, des pensées et des activités de l'usager au point où celui-ci éprouve extrêmement de difficulté à cesser de consommer.

• Il y a *accoutumance* lorsque l'organisme s'est adapté à une drogue et qu'il devient moins sensible à certains de ses effets. L'usager qui a développé une accoutumance à une drogue doit consommer de plus en plus pour retrouver l'effet initial.

SEVRAGE

Les clients qui interrompent ou réduisent leur usage de substances psychotropes peuvent ressentir des symptômes de sevrage. Pour certains, les complications suscitées par le sevrage peuvent être graves, voire constituer un danger pour la vie. De plus, une personne qui consomme une substance depuis très longtemps pourrait être peu disposée à abandonner ou à réduire sa consommation par peur du sevrage. Elle peut continuer de boire malgré le fait que sa consommation ne produit plus les effets désirés et peut la rendre physiquement très malade.

Dans le cas des clients âgés, les symptômes de sevrage peuvent être aggravés par d'autres problèmes liés à la santé ou au mode de vie. À titre d'intervenant, vous devez encourager votre client à faire des choix sains pour ce qui est de son mode de vie. Quoi qu'il en soit, si un client décide d'interrompre ou de réduire sa consommation d'alcool ou de drogues, il doit toujours le faire sous la surveillance d'un médecin ou d'un autre professionnel de la santé compétent (p. ex. dans un centre de désintoxication) ou de concert avec l'un d'eux. On doit diminuer graduellement la dose de médicaments psychotropes consommés depuis longtemps selon une gradation établie par le médecin et non pas mettre un terme au traitement de façon soudaine.

REMARQUE : Si vous craignez que le client éprouve des complications suscitées par le sevrage, communiquez avec le centre de désintoxication ou le médecin compétent le plus proche au sujet des problèmes de consommation d'alcool ou de drogues. (En Ontario, on peut également obtenir des conseils cliniques par le Service de consultations cliniques de la ARF au 1-888-720-2227.)

Sevrage de l'alcool*
• La dépendance psychologique peut se manifester même chez une personne qui consomme des quantités relativement modérées d'alcool, plus particulièrement si elle consomme tous les jours. Le sevrage peut susciter l'angoisse et, parfois, un sentiment de panique.

---

*Adapté de Kahan (1997).

• La dépendance physique se manifeste chez les buveurs abusifs réguliers. Il est parfois difficile de juger de l'ampleur de la dépendance physique puisque beaucoup de buveurs abusifs ont acquis une accoutumance à l'alcool et ne présentent aucun signe d'ivresse.

Le sevrage de l'alcool peut survenir après des périodes prolongées de consommation abusive et quotidienne d'alcool. Il se manifeste de six à 24 heures après avoir déposé le dernier verre et peut persister jusqu'à sept jours. Les symptômes de sevrage de l'alcool sont notamment tremblements, transpiration, accélération du pouls, hypertension, vomissements et anxiété. Il n'est pas rare d'observer une crise d'épilepsie grand mal. Parmi les autres complications potentielles, citons rythme cardiaque irrégulier, hallucinations et *delirium tremens*. Les patients qui sont l'objet d'une crise de *delirium tremens* deviennent confus et désorientés et peuvent mourir d'un collapsus cardiaque. Par conséquent, les personnes qui ont toujours éprouvé des symptômes de sevrage graves ou compliqués comme des crises d'épilepsie devraient consulter un médecin.

On peut traiter les symptômes de sevrage de l'alcool en offrant un environnement calme et compréhensif et, si nécessaire, en usant judicieusement de benzodiazépines.

Sevrage de benzodiazépines*
Le sevrage de benzodiazépines (p. ex. alprazolam, chlordiazépoxide, diazépam, triazolam) peut comprendre des symptômes d'anxiété (p. ex. sautes d'humeur, insomnie, irritabilité, mauvaise concentration, attaques de panique) et des symptômes neurologiques (p. ex. légère distorsion visuelle, vision brouillée, déséquilibre de la démarche).

---

*Adapté de Kahan (1997).

Le sevrage de benzodiazépines à doses plus élevées pendant une période prolongée peut provoquer chez les clients des complications comme des convulsions, la confusion et des hallucinations. Les clients qui souhaitent cesser de consommer des benzodiazépines devraient toujours consulter un médecin.

Sevrage d'opiacés (narcotiques)*

Le sevrage des opiacés (p. ex. codéine, hydrocodone, oxycodone) est en quelque sorte semblable à une mauvaise grippe accompagnée de transpiration, douleurs musculaires, écoulements nasaux et oculaires, chair de poule, frissons et nausées. Les patients qui traversent un sevrage d'opiacés sont agités, mal dans leur peau et en état de manque. Les symptômes disparaissent en général après quelques jours et le sevrage n'est pas fatal. Par contre, une surdose d'opiacés peut l'être.

Sevrage des sédatifs hypnotiques (barbituriques)*

Les clients qui interrompent brusquement des doses élevées de sédatifs hypnotiques (p. ex. Ficrinal^{MD}, amobarbital, sécobarbital) se dirigent à l'occasion vers un sevrage dangereux et potentiellement fatal. Les clients qui traversent un sevrage de doses élevées de ces médicaments devraient toujours être renvoyés à un médecin. Depuis qu'il existe des médicaments plus sûrs pour le traitement de l'anxiété et de la dépression, les barbituriques sont prescrits beaucoup moins souvent que dans le passé. Une surdose de ces médicaments est souvent mortelle.

---

*Adapté de Kahan (1997).

Résumé

Beaucoup de clients âgés consomment des médicaments pour traiter des problèmes de santé. L'alcool peut entraver le traitement de ces problèmes. Si un client prévoit cesser de consommer une substance, il est important de déterminer la possibilité de complications résultant du sevrage et de voir quels sont les programmes et le soutien appropriés.

Chapitre 4

Évaluation et étapes du changement

- Évaluation

- Étapes du changement

- Rechute

Après avoir emménagé dans son nouvel appartement, Rose, 75 ans, se sentait déprimée. Non seulement elle avait dû abandonner sa maison pour vivre dans ce petit appartement sombre, mais sa santé se détériorait. Sa vision était si mauvaise qu'elle ne pouvait plus lire ou faire de la couture. Il lui semblait que les membres de sa famille rabâchaient toujours la même chose au sujet de sa consommation d'alcool. Rose avait envie de les envo-yer se jeter en bas du pont.

Six mois après le déménagement, la santé de Rose s'est grande-ment améliorée. Le spécialiste des yeux lui a dit que la détériora-tion de sa vision ne continuerait probablement pas. Elle a rencon-tré ses voisins de palier et ne dépend pas autant de sa famille pour ses sorties. Elle s'est mise à penser à sa santé et à la quantité d'al-cool qu'elle buvait. Peut-être devrait-elle modérer un peu. Six mois plus tard, elle s'adressait à son médecin de famille.

Évaluation

Les outils d'évaluation et de mesure de la dépendance ou de la consommation problématique peuvent s'avérer inadéquats auprès des personnes âgées parce que les problèmes de consommation abusive des personnes âgées sont beaucoup moins importants que ceux des autres groupes d'âge.

Habituellement, le processus d'évaluation a lieu sur plusieurs visites. Poser des questions sur la consommation de substances, particulièrement l'alcool, peut sembler indiscret; il faut peut-être attendre d'avoir établi une relation avec le client âgé ou que l'occasion s'y prête plutôt que de procéder à un interrogatoire durant une seule entrevue structurée. Le client âgé refusera ou sera peut-être incapable de se prêter à des tests structurés ou de remplir un formulaire.

D'abord, il faut toujours se concentrer sur la ou les préoccupations immédiates de la personne. Ces préoccupations doivent être examinées tout en engageant le client dans un processus de changement et en établissant une relation de confiance.

Le type de renseignements recherché différera des renseignements obtenus auprès des clients plus jeunes. Votre travail auprès des aînés se concentrera davantage sur les activités quotidiennes, physiques et sociales (voir tableau 3, Questions à poser aux aînés concernant leur consommation d'alcool ou de drogues).

TABLEAU 3 : Questions à poser aux aînés concernant leur consommation d'alcool ou de drogues

Sujets à inclure	Questions à poser
Fonction sensorielle	Le client voit-il ou entend-il bien (p. ex. est-il capable de lire les étiquettes sur les bouteilles de médicaments, des livres, les journaux?) A-t-il perdu le sens du goût?
Mobilité	Le client peut-il se déplacer à l'intérieur et à l'extérieur, marcher sans aide, prendre son bain, s'habiller et faire

Milieu et mode de vie	ses courses sans aide? Le client est-il satisfait de son mode de vie? A-t-il des problèmes de logement à cause de sa consommation d'alcool ou de drogues? Le client peut-il préserver son environnement? Y a-t-il des dangers d'incendie ou des problèmes d'hygiène dans son environnement? Est-il suffisamment près des magasins, des arrêts d'autobus, etc.? Le client sort-il? Voit-il souvent des gens?
Pertes	Le client a-t-il perdu un membre de sa famille, un ami, un animal domestique auquel il tenait, sa santé physique (p. ex. l'ouïe, la vue), son emploi ou sa maison?
Alimentation	Quelles sont les habitudes alimentaires du client (c'est-à-dire mange-t-il seul)? Le client a-t-il bon appétit, aime-t-il manger? Comment ses aliments sont-ils préparés et rangés?
Santé mentale	Le client éprouve-t-il de la confusion, des troubles de mémoire ou des problèmes d'ordre psychiatrique?
Santé physique	Il faut poser des questions sur ses habitudes de sommeil, les fluctuations de poids, les incapacités et les maladies, la surveillance médicale, les étourdissements, la vision, l'ouïe, le soin des pieds, la digestion et l'élimination

	ainsi que les problèmes dentaires.
Soutien social	A-t-il des contacts avec sa famille et ses amis? Entretient-il des contacts avec d'autres personnes? Le client a-t-il un bon réseau de soutien ou de simples connaissances?
Alphabétisation et discours	Le client sait-il lire et écrire?
Alcool et autres drogues	Boit-il souvent et consomme-t-il beaucoup? Son mode de consommation a-t-il changé (p. ex. augmenté, diminué, périodes d'abstinence)? Sa consommation a-t-elle affecté d'autres facettes de sa vie? Quels médicaments (d'ordonnance et en vente libre) consomme-t-il? À quel rythme, depuis combien de temps, et pourquoi?

Source : Baron et Carver (1997)

Étapes du changement

Il peut être pénible de penser à abandonner quelque chose, qu'il s'agisse d'abandonner sa maison pour emménager dans un appartement, ou d'abandonner une activité que l'on aime faire en raison de contraintes physiques. Il est tout à fait naturel de vivre une période de deuil après avoir abandonné quelque chose. Lorsqu'une personne âgée subit une série de pertes, il peut lui être difficile d'avoir une vision positive du monde ou de réagir lorsqu'on lui demande de faire d'autres changements, même si ces changements sont avantageux pour elle.

Qu'importe notre âge, nous avons tous besoin de temps, de bonnes circonstances et d'un bon réseau de soutien lorsqu'on s'apprête à faire un changement dans notre vie. Le stéréotype veut que les personnes âgées aient «la tête dure» ou qu'elles soient incapables de changer. La réalité est que les personnes âgées, à l'instar des gens de tout âge, sont parfaitement capables de changer. Mais, comme tout le monde, elles doivent se trouver à une étape où elles sont prêtes à changer de cap et se sentent capables de le faire.

Qu'importe notre âge, nous sommes tous des êtres uniques. Nous apprenons tous différemment. Nous avons tous notre propre façon de composer avec les problèmes. Nous réagissons au traitement de différentes façons.

Le modèle des étapes du changement (Prochaska et coll., 1994) est utile pour analyser les façons dont les personnes changent et les raisons pour lesquelles elles le font. Le modèle aide l'intervenant à reconnaître l'état d'esprit actuel du client à l'égard du changement et à choisir la meilleure stratégie et les meilleurs outils pour aider le client à cette étape. Il est plus facile d'entretenir une vision positive et remplie d'espoir envers le client si l'intervenant comprend bien que l'attitude du client peut évoluer même lorsqu'il semble être «en panne» ou «nier la réalité». Ce qui ressemble parfois à une décision soudaine est souvent l'aboutissement d'une très longue série de petites décisions et d'une réflexion sérieuse sur leurs problèmes.

Les intervenants qui croient que le changement peut survenir par étapes progressives seront plus à l'aise avec une approche souple, non conflictuelle.

Bien que les exemples ci-dessous portent sur l'alcool, le modèle des étapes du changement est applicable à toute réalité de la vie que la personne songe à changer. De plus, les gens vont et viennent entre les étapes et peuvent se trouver à des étapes différentes pour différents aspects de leur vie.

ÉTAPES DU CHANGEMENT

Adapté de : Fondation de la recherche sur la toxicomanie (1996)

Étape 1 — Inaction
« Je ne veux pas changer et je n'ai pas besoin de changer.»

Le client :
- n'envisage pas de modifier son comportement : *«Je bois. J'aime ça boire.»*;
- ne reconnaît pas la nécessité de modifier son comportement : *«Je ne suis pas accroché. Je peux arrêter n'importe quand.»*;
- est surpris que sa famille et ses amis se préoccupent de lui : *«Je ne comprends pas pourquoi vous pensez que j'ai un problème d'alcool. C'est leur problème à eux.»*;
- ne veut peut-être pas regarder son problème en face;
- peut limiter sa participation aux séances de counseling ou tout simplement abandonner.

Réactions de l'intervenant :
- établir un contact;
- montrer au client qu'il est respecté et que l'on s'intéresse à son point de vue;
- formuler des commentaires objectifs;
- préparer le terrain en travaillant les aspects du problème que le client souhaite changer;

- discuter des effets positifs et négatifs de la consommation du client;
- donner au client la possibilité de faire certains choix;
- sans être menaçant, saisir les occasions de tisser un lien entre l'usage d'alcool ou de médicaments et les problèmes du client.

REMARQUE : Si le client dit que sa famille ou ses amis semblent penser qu'il a un problème, cela peut vous donner la possibilité de lui poser les questions suivantes :
«Pourquoi croyez-vous qu'ils sont préoccupés?» ou
«Comment savez-vous qu'ils sont préoccupés?»
L'intervenant pourrait utiliser la cause de la préoccupation pour amener le client à l'étape de la prise de conscience.

Étape 2 — Prise de conscience
«J'aimerais ça changer. Je le ferai peut-être un jour.»

Le client :
- envisage de modifier son comportement, mais n'est pas prêt à le faire et doute peut-être qu'il soit capable de changer. *«J'ai déjà pensé à boire moins, mais j'aime trop ça.» «Je suis trop vieux pour changer. Qu'est-ce que ça m'apporterait de bon?»*;
- reconnaît certains des effets négatifs de l'alcool et des médicaments, mais croit aussi que sa consommation joue un rôle positif dans sa vie;
- a l'impression qu'il serait trop stressé s'il renonçait maintenant à l'alcool ou aux médicaments.

Réactions de l'intervenant :
- aider le client à aller au-delà de son incertitude;

- aider le client à comprendre ses sentiments contradictoires par rapport à sa consommation;
- parler des conséquences positives et négatives de l'alcool ou des médicaments dans la vie du client;
- aider le client à reconnaître que sa consommation ne correspond pas à ses valeurs et croyances ni à son image (p. ex. *«Je suis une bonne grand-mère, et je veux voir mes petits-enfants souvent. Les visites à mes petits-enfants sont souvent annulées parce que j'ai bu.»*);
- montrer au client qu'il peut effectivement changer.

REMARQUE : Il est important que l'intervenant reconnaisse que l'alcool aura certains effets positifs sur les clients. Pour beaucoup de clients, l'alcool permet de faire face aux situations de la vie. Il pourrait être bon de discuter avec les clients de la question de la gratification immédiate par opposition aux conséquences ultérieures.

Étape 3 — Préparation
«Je veux changer, mais je n'ai pas encore décidé comment m'y prendre.»

Le client :
- se prépare à modifier son comportement;
- a davantage confiance en sa capacité de modifier son comportement;
- s'attarde moins aux problèmes qu'il a connus dans le passé et se concentre sur le genre de vie qu'il veut avoir dans l'avenir.*«Si j'arrête de boire, j'aurai plus de temps pour faire des choses que j'aime vraiment»*;

- cherche des façons appropriées de concrétiser ses désirs;
- parle à sa famille et à ses amis des changements qu'il veut apporter et leur demande de l'appuyer;
- a peut-être déjà fait de petits changements.

Réactions de l'intervenant :
- inciter le client à jeter un regard neuf sur sa vie et sa consommation d'alcool ou de médicaments;
- encourager le client à se concentrer sur les aspects positifs du changement et à reconnaître les peurs qu'il entretient à cet égard;
- aider le client à concevoir des stratégies qui l'aideront à apporter des changements;
- donner des renseignements concrets au sujet des options de traitement et des ressources disponibles.

Étape 4 — Action
«Je vais remplacer mes comportements malsains par des activités plus saines.»

Le client :
- commence à modifier son comportement. *«J'ai réduit le nombre de verres que je bois par jour.»*;
- a hâte d'entamer le processus de changement et de constater des résultats. *«Je dois m'inscrire à un programme de traitement dès maintenant.»*;
- est en train de changer ses habitudes;
- remplace la consommation d'alcool ou de médicaments par des activités plus saines;
- a une meilleure estime de soi.

Réactions de l'intervenant :
- inciter le client à se prendre en charge;
- encourager le client à persévérer sur la voie du changement;
- aider le client à se fier davantage à ses capacités;
- aider le client à assumer la responsabilité de changer;
- aider le client à comprendre ses points forts et ses points faibles pour se fixer des objectifs réalistes;
- parler des stratégies d'adaptation;
- aider le client à déterminer les activités saines qu'il souhaite poursuivre.

Étape 5 — Maintien
«Je m'adapte à mes nouvelles habitudes et à mon nouveau style de vie.»

Le client :
- confirme qu'il a adopté de nouvelles habitudes. *«Je me tiens loin des endroits où j'avais l'habitude de boire de l'alcool.»*;
- assimile les nouveaux comportements et compétences, notamment :
  - se rapprocher des autres;
  - apprendre à demander du soutien;
  - prendre des décisions;
  - explorer de nouveaux modes d'apprentissage;
  - choisir d'autres mécanismes d'adaptation. *«J'ai fait une longue marche au lieu de boire un verre.»*.

Réactions de l'intervenant :
- aider le client à apprécier les avantages de son nouveau mode de vie;
- aider le client à adopter un mode de vie équilibré;

- aider le client à envisager des solutions de rechange, des choix et des objectifs (p. ex. bénévolat, passe-temps);
- aider le client à déterminer les situations propices à la rechute et à prévoir des stratégies d'adaptation;
- repérer et renforcer les changements positifs apportés (p. ex. soutien constant et thérapie de groupe ou individuelle);
- aider le client à se construire une nouvelle vie;
- renvoyer le client à un groupe d'entraide;
- examiner les stratégies d'adaptation;
- aider le client à décider quelles solutions de rechange saines il doit chercher.

Étape 6 — Aboutissement
«J'ai changé pour de bon!»

Le client :
- a une attitude plus positive et se sent mieux dans sa peau;
- n'est jamais tenté de recommencer à prendre de l'alcool ou des médicaments même s'il vit une situation ou ressent une émotion qui lui donnait auparavant envie de consommer. *«L'alcool ne m'intéresse plus du tout.»*;
- est certain de pouvoir composer avec n'importe quelle situation;
- a un style de vie plus sain.

Réactions de l'intervenant :
- féliciter le client pour avoir réussi à modifier sa consommation d'alcool ou de médicaments;
- aider le client à déterminer et à éviter les situations risquées.

Rechute

La rechute est un retour au niveau problématique de consommation après une période d'abstinence ou de réduction de la consommation. La rechute peut être un bref épisode (que l'on appelle souvent un écart) ou un épisode plus long de consommation d'alcool ou de drogues. La rechute peut survenir à tout moment du processus de changement.

Lorsque le client fait une rechute, l'intervenant doit faire preuve de compassion, l'aider à composer avec la culpabilité, à se concentrer sur ses points forts, sur ses réalisations antérieures et sur les choses qui lui font plaisir. Si une personne a honte de sa rechute, elle est plus susceptible de retourner à l'étape de l'inaction. Il faut rappeler au client qu'il a acquis une nouvelle connaissance.

Il faut aider le client à considérer la rechute comme une occasion d'apprendre et non comme un échec. On doit l'amener à se rendre compte des facteurs qui ont déclenché la consommation d'alcool ou de médicaments et à voir quelles stratégies pourraient être utiles pour éviter la rechute à l'avenir. Il faut évaluer les besoins actuels du client, ne pas se concentrer sur l'échec, et le changement se produit lorsque les gens se sentent assez forts pour essayer de nouveau.

L'intervenant peut inciter les clients à adopter une approche proactive à l'égard de la rechute en les aidant à déterminer les situations à risque élevé. Les clients sont plus susceptibles de faire une rechute s'ils vivent l'une des situations suivantes (Annis, 1982) :

- émotions désagréables
- gêne physique
- émotions agréables
- test de la maîtrise de soi
- besoins et tentations de consommer
- conflit avec d'autres
- pression sociale incitant à consommer
- moments agréables avec d'autres.

Il faut demander au client quelle situation présente le plus de risque pour lui. Quelles situations vivra-t-il la semaine prochaine qui présentent un risque élevé? Quelles stratégies aident le client à éviter de consommer? Quelles situations agréables vivra-t-il cette semaine?

Chapitre 5

Comment venir en aide

- Comprendre le déni

- La complicité

- Les consultations et le soutien individuels

- Les groupes de soutien

- Le soutien par les loisirs

- Suggestions pour un mode de vie sain

- Résumé

Pierre, 77 ans, a décidé de suivre les recommandations de son conseiller. Ce samedi-là, il est allé se promener dans le parc, puis, il est allé un peu plus loin et a acheté un journal. Quand son fils Jean lui a rendu visite ce soir-là, il a remarqué que son père parlait de sports plutôt que de se plaindre comme d'habitude de ses douleurs. Jean a aussi eu l'impression que Pierre avait bu moins qu'à l'habitude. Pour la première fois depuis longtemps, Jean aperçut l'ombre du père qu'il avait connu. Il y avait des années qu'ils n'avaient pas regardé une partie de hockey ensemble. Spontanément, Jean a décidé de prolonger sa visite et de regarder la partie de hockey avec son père. Pierre fut étonné. Habituellement, Jean ne pouvait s'enfuir assez vite.

Aucun changement ne se fait du jour au lendemain, il faut faire le premier pas. Dans ce chapitre, nous décrivons comment l'intervenant peut aider le client à faire ces changements. L'approche adoptée est globale, axée sur le client. Il n'est pas nécessaire que le client admette avoir un problème de consommation d'alcool ou de médicaments pour recevoir de l'aide.

Pour aider une personne aux prises avec un problème de consommation d'alcool ou de médicaments, il est utile de comprendre deux termes utilisés fréquemment dans le domaine de la toxicomanie : déni et complicité.

Comprendre le déni

Le déni est la tendance qu'ont les gens à minimiser ou à nier
la quantité d'alcool ou de médicaments qu'ils consomment et
l'impact de cette consommation sur leur vie. On le considère
parfois comme un obstacle au traitement des problèmes d'alcool
et de surconsommation de médicaments.

Le déni est un mécanisme auquel les gens font fréquemment
appel lorsqu'ils sont aux prises avec une situation qu'ils se croient
incapables de changer, ou lorsqu'ils se sentent dépassés par les
événements. Ils développent souvent des mécanismes de défense
(p. ex. colère et isolement) pour éviter d'avoir à changer et à faire
face aux personnes qui leur demandent de changer. Pour une
personne qui consomme de l'alcool ou des médicaments depuis
de nombreuses années, il est terrifiant de penser au changement.
Derrière chaque déni se cache la croyance que la vie sans alcool
ou médicaments serait pire, voire impossible ou la croyance que
la personne est incapable de changer.

Certains intervenants en toxicomanie pensent devoir aborder de
front les problèmes de toxicomanie d'un client. Ils sont convain-
cus qu'il s'agit-là de la seule façon pour le client de reconnaître
la gravité et les conséquences néfastes du problème et de prendre
les moyens de changer. Cette approche n'est pas recommandée.

La confrontation peut s'avérer un obstacle au changement. Si une
personne se sent incapable de changer une situation, ou ne voit pas
les avantages de changer, la confrontation ne fera que renforcer
le déni. Si l'on demande à une personne d'admettre son problème
avant d'explorer une solution, on risque d'attendre longtemps

avant de chercher une solution. Parfois, la meilleure stratégie de départ consiste à accentuer la confiance en soi du client et l'amener à apporter d'autres changements qui amélioreront sa santé. Ce faisant, vous pouvez saisir les occasions qui se présentent pour discuter avec lui de la façon dont vous percevez les effets de la toxicomanie sur sa santé et sur sa qualité de vie (p. ex. le lien qui peut exister entre les problèmes qu'il éprouve et sa toxicomanie).

Le déni peut provenir de la personne âgée elle-même, mais les membres de la famille et même les intervenants peuvent aussi fermer les yeux sur la consommation d'alcool ou de drogues, pour l'une ou l'autre des raisons suivantes :

• ils attribuent au vieillissement les symptômes qu'ils constatent;
• ils considèrent que la consommation d'alcool est, pour la personne âgée, l'un des rares plaisirs de la vie;
• ils croient peut-être qu'il est trop tard pour que la personne âgée bénéficie d'un changement;
• ils sont mal à l'aise d'aborder le problème de front mais ne connaissent pas d'autres façons d'aborder un problème de toxicomanie;
• il peut être difficile, surtout pour les enfants adultes qui n'ont pas l'habitude de discuter avec leurs parents du comportement de ces derniers, de trouver une façon d'aborder avec ménagement les problèmes de toxicomanie.

Un certain soulagement peut survenir lorsque le lien entre la consommation d'alcool ou de médicaments et les autres symptômes est clairement établi. Un jour, le client ou sa famille reconnaîtront qu'une partie des symptômes qu'ils croyaient associés au vieillissement étaient, en réalité, liés à la consommation d'alcool ou de médicaments. Ils comprendront alors qu'il est effectivement possible de changer et de se sentir mieux dans sa peau en modifiant son comportement.

La complicité

La «complicité» désigne souvent l'attitude permissive qui favorise la consommation abusive et dommageable d'alcool ou de médicaments par une personne. Les «complices» sont souvent les proches de la personne aux prises avec le problème de toxicomanie. Les termes «complicité» et «complice» sont souvent utilisés pour blâmer. Il est cependant préférable de considérer la complicité comme le désir d'aider quelqu'un sans se rendre compte que, ce faisant, on permet à la personne qui éprouve le problème de continuer à boire sans en subir les conséquences.

Inventer des excuses et prétendre que la personne est malade alors que, de fait, elle consomme de l'alcool, lui fournir de l'alcool, attribuer les trous de mémoire au vieillissement alors qu'il s'agit de pertes de conscience dues à l'alcool sont des exemples de complicité.

L'intervenant qui a l'occasion de travailler avec des amis proches ou avec les membres de la famille qui sont les complices du client doit leur faire comprendre qu'il est habituellement préférable de laisser le client faire face aux conséquences de sa toxicomanie.

Les consultations et le soutien individuels

«Si jamais j'avais un problème, je sais que je pourrais compter sur ma conseillère pour m'en sortir.» *

«Rencontrer le conseiller me fait du bien.» *

«Souvent, au cours de nos rencontres, nous parlons d'écriture et de choses et d'autres. Nous ne parlons pas toujours de l'alcool. Nous parlons de tout et de rien.» *

* Commentaires de clients qui ont participé à l'évaluation du programme LESA (West et Graham, 1997).

Peu importe notre âge, prendre soin de sa personne est intimement lié à l'estime de soi et à ce que l'on attend de la vie. Les consultations individuelles peuvent être l'occasion d'amener le client à réfléchir de manière positive sur lui-même et, pour l'intervenant, d'établir une relation avec le client.

Les consultations individuelles doivent se dérouler à l'endroit qui convient le mieux au client. Au début, elles ont souvent lieu au domicile du client, surtout lorsqu'il s'agit d'une personne âgée, ce qui permet d'éliminer les obstacles créés par les troubles de mobilité ou sa réticence à demander de l'aide. Le domicile du client peut aussi fournir des indices qui seraient sans doute passés inaperçus si la rencontre avait lieu dans un bureau. L'intervenant peut entre autres constater le désordre qui règne dans la vie du client ou la tension dans ses relations familiales. Enfin, rencontrer le client à domicile donne à ce dernier la chance de jouer le rôle d'hôte et lui procure un sentiment de contrôle dans la relation, sentiment qui fait peut-être défaut depuis longtemps dans sa vie.

Les consultations individuelles doivent se dérouler au rythme du client, et les questions doivent être abordées à son gré. Le rôle de l'intervenant est d'aider le client à cerner ses problèmes de santé, à trouver réponse à ses questions, à l'appuyer, à l'encourager et à lui fournir les ressources qui l'aideront à faire les changements qui amélioreront sa vie.

Lorsqu'une personne âgée avec qui vous êtes en communication semble avoir des problèmes sociaux ou de santé liés à la consommation d'alcool ou de drogues psychotropes, il existe de nombreuses façons de lui venir en aide. Efforcez-vous de gagner sa confiance par vos conseils et vos visites.

GAGNER LA CONFIANCE DU CLIENT : LA RELATION THÉRAPEUTIQUE

Au début, vous devez établir une relation thérapeutique avec la personne âgée. Cette démarche vise deux objectifs : d'abord, le client apprend à vous faire confiance et à croire en votre capacité de l'aider; ensuite, vous apprenez à le connaître suffisamment pour déterminer si vous pouvez travailler avec lui et pour trouver la meilleure façon de procéder.

Il est important de comprendre la situation du client :
• de son point de vue;
• à l'aide de vos observations professionnelles;
• grâce aux renseignements obtenus du personnel d'autres organismes ou de membres de la famille (sur consentement écrit du client).

L'écoute et l'observation sont essentielles à toutes les activités que vous entreprenez avec le client. Votre attention doit être centrée sur ses besoins et ses intérêts. En plus de vous renseigner sur la situation du client, il est important que vous sachiez ce qu'il pense de sa propre situation et l'importance qu'il y attache.

Il peut s'écouler un certain temps avant que la personne âgée ne soit disposée à envisager quelque changement que ce soit. Pour vous, aider le client à trouver des solutions à ses problèmes pressants est un bon moyen de l'amener à établir une relation de confiance, à vous considérer comme une personne qui a ses intérêts à cœur et qui peut l'aider. Par exemple, il peut avoir besoin d'aide pour emmener son animal de compagnie chez le vétérinaire, ou pour effectuer de menus travaux dans son appartement, ou encore il peut simplement chercher une occasion de prendre une tasse de café et de bavarder. Offrir une aide concrète vous donne autant d'occasions d'apprendre à connaître la personne âgée, ses forces et la façon dont elle réagit au stress.

On peut considérer la relation thérapeutique comme un partenariat. Vous voulez faire profiter la personne âgée de vos compétences et connaissances professionnelles et l'aider à faire des changements qui contribueront à améliorer son état de santé. Vous vous efforcez donc, ensemble, d'apporter les changements voulus à son mode de vie et son attitude pour l'aider à résoudre ses problèmes d'alcool et de médicaments et pour améliorer son état de santé en général.

À mesure que s'établit la relation thérapeutique, vous vous inquiéterez peut-être du fait que le client semble trop s'en remettre à vous, en particulier s'il n'a que peu ou pas de contacts avec les membres de sa famille et ses amis, ou qu'il ne reçoit presque pas d'appui de leur part. Pour éviter cette situation, il est important de le féliciter fréquemment pour ses petites réussites et les progrès réalisés. Vous devez aussi prévoir les rechutes ou échecs éventuels et vous y préparer afin que le client gagne une certaine confiance en sa capacité de faire lui-même des changements lorsque vous n'êtes pas là pour l'appuyer.

Le client doit en outre savoir ce qu'il peut attendre de vous dans cette relation. Vous devez lui faire clairement comprendre l'aide que vous êtes en mesure de lui apporter, et ce qu'il vous est impossible de faire. Pour lui expliquer votre rôle, vous pouvez vous y prendre comme suit :

«Je peux seulement vous rencontrer deux fois par mois. Si une urgence survient entre deux visites, n'hésitez pas à me téléphoner.»

«Je n'ai pas de formation en counseling familial, mais je peux vous donner le nom de certains conseillers qui pourraient vous aider pour ce qui est de vos relations avec votre mari.»

«Je ne pourrai pas vous rendre visite comme prévu et discuter avec vous si vous avez bu avant mon arrivée, mais je pourrai toujours prendre un autre rendez-vous. Pour moi, ces visites sont importantes.»

Une relation thérapeutique solide est essentielle au succès des consultations. La responsabilité de l'intervenant est de mettre ses connaissances, ses compétences et son temps à la disposition du client et de lui offrir son appui pour l'aider à modifier ses réactions, son environnement et son comportement afin d'améliorer son état de santé général.

DÉTERMINER POURQUOI IL FAUT CHANGER

Ce travail doit être fait en collaboration avec le client. L'écoute active est l'un des principaux moyens utilisés pour aider le client à réfléchir sur sa vie et à déterminer les aspects où des changements pourront apporter le plus de réconfort ou donner le plus de sens à sa vie. Pour ce faire, vous devez étudier ses intérêts, ses points forts et sa situation et lui faire part de vos observations pour l'aider à déterminer les situations où il pourrait tenter d'apporter des changements positifs à son mode de vie ou à son attitude.

INSTAURER LA CONFIANCE DANS LA CAPACITÉ DE CHANGER

Tant l'intervenant que le client peuvent se sentir impuissants face à la multitude de problèmes qui existent dans la vie du client et se demander par où commencer. Dans ces cas, il est utile d'envisager les étapes suivantes :

• Revoir les étapes du modèle de changement décrit dans le chapitre précédent. Cela vous aidera à comprendre le point de vue du client sur ses problèmes et les façons dont vous pourriez intervenir.

• Aider le client à concentrer ses efforts sur les changements qui ont des chances raisonnables de réussite.

• Encourager le client à diviser le processus de changement en petites étapes. Pour un client qui veut briser son isolement, le premier pas pourrait être quelque chose comme se rendre au centre commercial pour prendre un café au restaurant. Lorsqu'il se sentira à l'aise dans cette démarche, il pourra songer à entreprendre une autre activité où l'interaction sociale est plus grande. Pour un client qui veut avoir plus d'énergie, le premier pas pourrait être une courte promenade ou un petit changement dans son alimentation.

Étudiez les raisons pour lesquelles les tentatives antérieures de modification du comportement ont réussi ou pourquoi elles ont échoué. Aidez le client à reconnaître ses succès et à les apprécier. Aidez-le à comprendre pourquoi certaines démarches ont échoué et à envisager d'autres moyens pour réussir à changer.

OFFRIR DES SOLUTIONS, DU SOUTIEN ET DES RESSOURCES

Une grande partie de la tâche du conseiller consiste à aider le client à résoudre les problèmes, à lui offrir son appui, à lui faire connaître les ressources disponibles et à lui indiquer comment y avoir recours. Voici certaines activités que vous pouvez suggérer à une personne âgée pour résoudre ses problèmes :

• Intéressez-vous à des problèmes solubles :

  • **Problèmes de santé et de mobilité :** Comment pouvez-vous aider le client à atteindre ses objectifs en matière de santé? Quelles sont les ressources communautaires que vous connaissez et qui pourraient lui offrir de l'aide? Existe-t-il des ressources de transport adapté ou des chauffeurs bénévoles? Lesquelles?

  • **Alphabétisation :** Le client sait-il lire et écrire? A-t-il besoin d'aide à cet égard? Prenez les dispositions voulues pour qu'il participe aux programmes communautaires d'alphabétisation à l'intention des personnes âgées.

- **Isolement, solitude :** Aidez le client à faire appel aux membres de sa famille ou aux ressources communautaires. Vous devez savoir quelles sont les ressources disponibles dans la collectivité et aider le client à surmonter les obstacles pour y avoir accès. Au besoin, plaidez en faveur du client. La première fois qu'il participe à de nouvelles activités, accompagnez-le pour lui offrir votre aide. Existe-t-il un organisme qui rend visite aux personnes âgées à domicile?

- **Sentiment d'inutilité, absence d'objectifs :** À quels types d'activités le client accorde-t-il de la valeur? À quelles activités s'intéressait-il auparavant? Découvrez ses rêves. Y a-t-il quelque chose qu'il a toujours voulu faire, mais qu'il a été incapable d'accomplir?

- **Deuil, dépression :** Le client a-t-il été évalué par un médecin pour savoir s'il souffre de dépression clinique? A-t-il quelqu'un avec qui parler de ce qu'il ressent? Existe-t-il des groupes d'aide pour des problèmes particuliers? Évaluez vos conceptions du deuil et de la dépression. Écoutez le client et compatissez à ses émotions.

- **Spiritualité :** À quel point le client est-il à l'aise avec lui-même? Éprouve-t-il de la difficulté à accepter le vieillissement? La perspective de la mort?

- **Conflits provoqués par les abus antérieurs d'alcool ou de médicaments :** Comment le client peut-il rétablir les liens avec les membres de sa famille et avec ses amis? Comment ses difficultés de logement ou ses difficultés financières peuvent-elles être résolues?

• Offrez encouragements et assistance pour tenter une approche différente lorsque quelque chose ne va pas. Faites valoir que si une tentative a échoué cette fois, elle réussira peut-être la prochaine fois, et qu'il est possible d'essayer une approche différente. Changer, c'est apprendre ce qui est efficace et ce qui ne l'est pas.

• Mentionnez-lui des exemples de changements réussis; servez-vous-en comme exemple pour l'encourager et comme occasion d'apprentissage. Exprimez vos commentaires comme suit :

«Quand vous avez arrêté de fumer après l'opération que vous avez subie l'année dernière, comment vous y êtes-vous pris?»

«Vous avez semblé vraiment apprécier les séances d'exercices physiques auxquelles vous avez participé l'hiver dernier. Croyez-vous que le centre offre des activités d'été auxquelles vous aimeriez participer?

• Mentionnez les ressources disponibles qui pourraient inciter le client à changer.

«Croyez-vous que votre fils pourrait vous conduire chez votre ami?»

«Savez-vous qu'un autobus amène les personnes âgées à l'épicerie?»

• Renseignez-vous sur les organismes bénévoles actifs dans la collectivité et demandez au client s'il accepterait volontiers d'y faire appel.

• Utilisez diverses méthodes, tels les jeux de rôles, pour accroître les chances de succès d'un client qui doit s'adresser à une autre personne pour obtenir ce dont il a besoin.

«Voyons ce qui pourrait se passer lorsque vous parlerez de vos Valium à votre médecin... ou aux responsables du service de logement pour obtenir un appartement.»

PENCHEZ-VOUS SUR LES PROBLÈMES LIÉS À L'USAGE D'ALCOOL OU DE MÉDICAMENTS PSYCHOTROPES

Réduire la consommation d'alcool ou de médicaments psychotropes peut aussi se faire graduellement. Au cours de vos premiers contacts avec les clients, vous découvrirez que certains sont prêts à discuter de leur consommation d'alcool ou de médicaments et à établir des objectifs réalistes pour réduire ou même éliminer ce problème. Toutefois, beaucoup de personnes mettront du temps à se sentir suffisamment en confiance pour admettre qu'elles ont un problème de toxicomanie. *Dans une relation thérapeutique*, il existe de nombreuses façons d'aborder le sujet de la consommation d'alcool ou de médicaments.

• Saisissez les occasions d'aborder cette question d'une façon non menaçante.

«Parfois, l'alcool fait oublier aux gens les choses qu'ils ont faites. Vous avez peut-être oublié que vous aviez promis de rencontrer votre amie parce que vous aviez bu lorsqu'elle a appelé.»

«Pensez-vous que votre fils ne veut pas que vous gardiez vos petits-enfants parce qu'il craint que vous buviez lorsque vous êtes avec eux?»

75

«Quand je vous rends visite et que vous buvez, c'est difficile de parler avec vous. Votre fille ressent peut-être la même chose.»

«Le type de médicament que vous prenez donne des étourdissements à certaines personnes. C'est peut-être pour ça que vous êtes tombé.»

«Quand je vous rends visite et que vous avez bu, j'ai l'impression que vous êtes triste. Savez-vous que l'alcool est un dépresseur?»

«Votre propriétaire dit qu'il va peut-être devoir vous demander de déménager parce que vous dérangez les voisins lorsque vous avez bu. Comment puis-je vous aider à faire en sorte que cela ne se reproduise plus?»

• Lorsque le client se sent suffisamment à l'aise pour parler de consommation d'alcool ou de médicaments psychotropes, aidez-le à évaluer les quantités consommées, à déterminer les circonstances où il en fait usage ainsi que les effets positifs et négatifs de cet usage. Formulez vos questions sur les modèles ci-dessous :

«En quoi l'alcool vous fait-il vous sentir mieux?»

«Comment vous sentez-vous, ou qu'est-ce qui se passe avant que vous preniez un verre ?»

«Dans quelles circonstances prenez-vous vos médicaments?»

«Qu'est-ce qui se passe les jours où vous buvez moins?»

• Incitez le client à tenir un journal où il inscrira sa consommation d'alcool ou de médicaments psychotropes (voir annexe B). Noter les quantités consommées aide le client à préciser la quantité d'alcool ou de médicaments psychotropes qu'il consomme et dans quelles situations il le fait. Ces renseignements peuvent ensuite l'aider à définir des stratégies pour réagir aux situations qui présentent un risque élevé de consommation d'alcool ou de médicaments.

• Au début, certains clients peuvent ne pas être disposés à envisager le sevrage ou l'abstinence, même si c'est là l'objectif souhaitable. Par contre, ils peuvent être disposés à tenter de réduire leur consommation et considérer cet objectif comme plus réaliste. Il faut les encourager et soutenir leurs efforts à cet égard. Toute réduction de la quantité d'alcool consommée au cours d'une période donnée, ou toute réduction du nombre de jours d'une semaine au cours desquels un client consomme de l'alcool lui permet peu à peu d'acquérir de la confiance en soi et de prendre graduellement le contrôle sur cet aspect de sa vie. S'il réussit à réduire sa consommation d'alcool ou de médicaments, sa santé s'améliorera sans doute, et cela renforcera son sentiment de réussite. Toutefois, s'il trouve trop difficile de s'en tenir à une consommation réduite, il voudra peut-être tenter le sevrage.

• Il est important de se rappeler que si le client opte pour le sevrage, il aura besoin d'aide spécialisée (c.-à-d. un médecin qui trouvera, en collaboration avec lui, une méthode graduelle de sevrage ou un centre de désintoxication où il recevra le soutien nécessaire et où il sera sous observation pendant la période de sevrage).

INTERRUPTION DES VISITES

Les personnes âgées éprouvent une multitude de problèmes, c'est pourquoi il peut vous être difficile de déterminer le meilleur moment pour mettre un terme à vos visites. Les facteurs ci-dessous vous aideront à prendre cette décision :

• Les besoins et les désirs du client :

  • Le client est satisfait des améliorations à sa santé et ne désire pas poursuivre la relation.

  • Certains des besoins du client ne sont pas comblés, mais il ne désire pas poursuivre la relation.

Vous pourriez décider de diriger le client vers un autre conseiller ou vers un service spécialisé dans les cas suivants :

  • Le client a toujours des besoins non comblés ou ne veut plus de votre aide, mais vous ne constatez aucun signe de changements. Avez-vous tenté d'autres approches? Le client réagirait-il différemment face à un autre conseiller?

  • Le client ne s'intéresse à aucun autre service et sa capacité de s'en sortir vous préoccupe beaucoup (p. ex. vous craignez qu'il ne devienne suicidaire). Un renvoi à un psychiatre ou l'orientation vers un autre mode de soutien pourraient-ils aider le client et vous aider à poursuivre votre travail auprès de lui? Devriez-vous attendre pour poursuivre votre intervention que son état se soit stabilisé?

• Vos compétences ou les limites de l'aide que vous pouvez apporter au client :

- Les besoins du client dépassent votre champ de compétence et exigent qu'il soit dirigé vers un autre service.

- Vous êtes limité par le mandat ou par le programme de l'organisme qui vous emploie.

- Vous ne parvenez pas à établir une relation avec le client. Vous devez comprendre qu'il est essentiel d'établir une relation thérapeutique ou un partenariat avec le client si vous voulez lui venir en aide. Le client doit être convaincu que son intérêt vous tient à cœur, et vous devez être convaincu que vous pouvez l'aider. Il importe aussi, surtout lorsque le client a des problèmes de toxicomanie, que l'intervenant n'ait de problèmes ou de malaises latents face à la toxicomanie, qu'il s'agisse de sa propre toxicomanie passée ou de celle d'un membre de sa famille. L'une ou l'autre des situations peut influer sur la capacité de l'intervenant à donner au client l'aide et le soutien professionnels dont il a besoin. Si ces éléments perturbent la relation thérapeutique, le client devrait avoir la chance de rencontrer un autre intervenant.

Les groupes de soutien

Les groupes de soutien ont toujours fait partie intégrante des programmes LESA et COPA. Les rencontres de groupe procurent un sentiment d'acceptation et d'appartenance. Être à l'aise dans un groupe ou dans un réseau social peut ranimer la confiance en soi. Un groupe est un endroit où le client peut être inspiré par ceux qui ont réussi à changer et apprendre d'eux; c'est aussi un endroit où il peut discuter de ses problèmes avec ses pairs et recevoir de l'aide d'eux. Participer à des discussions ou à des activités de groupe peut devenir un outil puissant pour renforcer l'intention du client de changer son mode de vie.

• Les rencontres de groupe permettent de se sentir plus à l'aise avec d'autres personnes dans un lieu de rassemblement ou dans un milieu social.

> « Il n'y a aucune pression... personne ne dit qu'on ne peut pas faire ceci ou cela ni quoi que ce soit d'autre. En fait, ceux qui veulent quand même prendre un verre peuvent le faire. Personne ne nous tombe sur la tête. »
>
> – Participant au programme LESA

Se sentir à l'aise et accepté est fondamental à tout âge. Certaines personnes se joignent naturellement aux autres et elles aiment bien faire partie d'un groupe, tandis que d'autres hésitent à s'y intégrer. Pour la plupart des personnes âgées, se trouver en compagnie de personnes du même âge les aide à se sentir à l'aise dans un groupe. La majorité d'entre elles préfèrent se trouver en compagnie de personnes qui ont des antécédents semblables aux leurs et qui ont vécu à la même époque. Les aînés considèrent que les jeunes n'ont pas les mêmes problèmes qu'eux, parce qu'ils sont à une étape différente de leur vie. Les clients âgés ont souvent l'impression qu'ils ne partagent pas les problèmes des jeunes, en particulier la consommation de drogues illégales.

Le personnel des programmes LESA et COPA a réalisé que les hommes et les femmes préfèrent souvent participer à des rencontres séparées, parce que leurs besoins et leurs préoccupations ne sont pas les mêmes. De plus, les femmes hésitent parfois à s'exprimer dans des groupes mixtes.

• Les rencontres de groupe incitent les participants à partager leurs expériences.

> «J'avais l'impression d'être le seul dans cette situation, et apprendre que d'autres personnes — des personnes normales, aimables, des gens ordinaires comme vous et moi — ont le même problème... ça m'a fait du bien, ça m'a fait me sentir mieux face à tout.»
>
> — Participant au programme LESA

Il peut être avantageux d'entendre d'autres personnes parler de leurs problèmes. Les gens apprennent des autres membres du groupe les stratégies à adopter pour éviter de consommer de l'alcool dans diverses circonstances, par exemple dans une noce. Par ailleurs, ne pas discuter d'alcool peut aussi être important. Si l'intervenant laisse les membres du groupe discuter d'autre chose que d'alcool et de médicaments, il admet de manière implicite que leur vie ne gravite pas uniquement autour de ces problèmes et qu'en fait, elle comporte une multitude d'autres aspects.

• Les rencontres de groupe permettent de tisser un réseau social.

> «Si on discutait uniquement de choses très sérieuses, ça ne m'attirerait probablement pas. Mais nous nous organisons toujours pour rire un peu.»
>
> — Participante au programme LESA

Tout comme les consultations individuelles font naître des émotions positives, s'amuser en groupe incite les personnes âgées à continuer de participer aux réunions et à oublier leurs problèmes. La formule de groupe offre aux participants l'occasion de socialiser dans un environnement détendu et de parfaire leurs aptitudes sociales. Il est important, à tout âge, d'avoir des activités à envisager, de savoir qu'il y a un endroit où on peut aller pour s'amuser. Les rencontres de groupe animées par un ou deux conseillers offrent aux clients un milieu où ils peuvent partager leurs préoccupations, où ils peuvent donner et recevoir de l'aide. Les discussions couvrent un large éventail de questions : médicaments et questions sur la santé, hébergement et questions financières. Le fait d'aborder des sujets variés permet aux clients de laisser leurs problèmes derrière eux et de s'intéresser, par exemple, tant à l'alphabétisation et au transport qu'aux écoles et au bénévolat.

Si aucun programme à l'intention des aînés n'est offert dans votre collectivité, il existe une variété d'autres façons d'organiser un groupe de soutien pour le client. Un autre intervenant de l'organisme pour lequel vous travaillez et vous-même pourriez peut-être vous associer avec un organisme local de traitement de la toxicomanie pour former un groupe de soutien pour personnes âgées. Y a-t-il, dans la collectivité, d'autres organismes offrant des services qui pourraient convenir au client? Le client consentirait-il à participer à un programme de traitement de la toxicomanie offert par un centre de services en consultations externes?

REMARQUE : Pour de plus amples renseignements sur l'animation de groupes de soutien pour aînés, se reporter à Bergin et Baron (1992).

Le soutien par les loisirs

Les sorties récréatives permettent aux clients de s'amuser en compagnie de leurs pairs. Cet aspect est des plus importants pour les clients qui vivent isolés de la société ou dont les activités sociales ont jusque-là été associées à la consommation d'alcool. Avoir du plaisir, s'amuser et entretenir une relation sociale avec des personnes du sexe opposé peuvent être des incitatifs puissants à apporter des changements dans leur vie pour être en mesure de renouveler ces expériences agréables.

À cet égard aussi, vérifiez s'il existe, au sein de l'organisme pour lequel vous travaillez ou dans un centre de traitement de la toxicomanie, des ressources qui offrent des sorties récréatives aux personnes âgées aux prises avec des problèmes d'alcool ou de médicaments. Sinon, quels sont les services disponibles dans la collectivité, et comment peuvent-ils être adaptés aux besoins et aux intérêts du client?

Suggestions pour un mode de vie sain

Les idées les plus simples peuvent aider un client à adopter un mode de vie plus sain que celui qu'il a eu jusque-là. La plupart des suggestions sont simples et faciles à appliquer. Il s'agit de concentrer les efforts sur les choses que le client peut faire pour prendre le contrôle de sa santé et pour profiter de la vie.

ASPECT PSYCHOSOCIAL

Un réseau social, des relations cordiales et des contacts encourageants sont quelques-uns des éléments qui aident les gens à maîtriser le stress, à surmonter leur sentiment d'isolement ou d'ennui, en particulier l'ennui qui est le lot de certaines personnes retraitées. La liste ci-dessous énumère des activités dont les aînés peuvent souvent bénéficier :

• faire du bénévolat;

• s'adonner à un passe-temps ou suivre des cours;

• se rendre dans des endroits fréquentés par d'autres aînés;

• reprendre un passe-temps qu'ils ont dû abandonner parce qu'ils étaient trop occupés;

• renouer avec des amis;

• sortir de la maison, faire une promenade tous les jours;

• s'adonner à des exercices non violents;

• bavarder avec un ami ou une amie;

• faire des exercices de relaxation;

• écouter sa musique préférée;

• adopter un animal;

• entretenir des plantes d'intérieur;

• comprendre que la dépression et l'anxiété peuvent être traitées.

AIDE SPIRITUELLE

Chez certaines personnes, vieillir signifie aussi subir de lourdes pertes. Vous pouvez encourager ces clients à résoudre ces problèmes à leur façon, en leur suggérant, par exemple, de :

• parler à un ami ou à une amie;

• discuter avec un conseiller, un prêtre ou autre guide spirituel;

• s'adonner à la lecture ou écouter des cassettes;

• se joindre à un groupe de soutien qui traite de sujets tels le deuil ou le suicide;

• œuvrer au sein d'un organisme qui défend une cause louable;

• se concentrer sur les bons côtés de la vie.

ASPECT PHYSIQUE

Les habitudes sanitaires élémentaires sont importantes pour les aînés qui doivent peut-être composer avec certains handicaps physiques ou avec des problèmes de santé. Les suggestions ci-dessous peuvent aider à combler les besoins des clients âgés dans trois domaines clés : l'état de santé général, la gestion de la douleur et les troubles du sommeil.

État de santé général

Les personnes âgées peuvent prendre les moyens suivants pour améliorer leur état de santé général :
- s'inscrire à un cours d'exercices pour aînés, à un cours d'exercices aquatiques ou encore se joindre à un groupe qui visite les centres commerciaux;
- essayer de passer une partie de la journée à l'extérieur;
- prendre des repas réguliers et équilibrés;
- demander de l'aide sans tarder; la situation peut s'aggraver si le diagnostic est posé trop tard;
- noter les directives du médecin pour veiller à acquérir de bonnes habitudes de santé;
- noter ses propres suggestions pour modifier son régime de vie et améliorer sa santé.

Gestion de la douleur

Pour arriver à supporter la douleur, les personnes âgées peuvent essayer les moyens suivants :
- jouer un rôle actif pour comprendre ses handicaps et apprendre à gérer sa douleur;
- recueillir de l'information ou suivre un cours sur des problèmes de santé précis (p. ex. l'arthrite);

- essayer de faire des exercices, des massages, des compresses chaudes ou froides pour réduire certains types de douleurs;
- s'informer auprès de son médecin sur les traitements ne nécessitant pas de médicaments.

Troubles du sommeil

Les personnes âgées qui éprouvent de la difficulté à dormir peuvent essayer les moyens suivants :
- faire de leur chambre à coucher un endroit accueillant et confortable;
- prendre un bain chaud;
- boire un verre de lait chaud;
- éviter de consommer de la caféine et des aliments stimulants ou épicés après 16 heures;
- boire des tisanes;
- éviter de consommer de l'alcool dans la soirée;
- ne pas s'inquiéter de son insomnie : se lever et faire autre chose jusqu'à ce que le sommeil vienne;
- accepter qu'avec l'âge, le besoin de sommeil diminue;
- éviter de faire des siestes dans la journée;
- écouter de la musique apaisante;
- établir un rituel pour le coucher et adopter des habitudes de sommeil régulières;
- compter les moutons (c'est vraiment efficace)!

Résumé

Il est important de reconnaître la réceptivité au changement chez chaque client. Souvent, au cours de leur vie, les personnes âgées ont rencontré une multitude d'intervenants dont certains avaient peut-être une attitude antagoniste, et d'autres ont abandonné. La première tâche de l'intervenant est de s'efforcer de comprendre le point de vue du client et de s'en servir comme d'un tremplin pour l'aider à améliorer sa vie. La clé du succès est de considérer l'usage d'alcool et de médicaments avant tout comme un problème de santé. Établissez d'abord une bonne relation, puis intéressez-vous aux problèmes de santé. Soyez prêt à signaler le lien entre la consommation d'alcool ou de médicaments au moment opportun.

Chapitre 6

Questions souvent posées

Questions souvent posées

Q. : Comment aborder la question de la consommation d'alcool avec un client?

R. : Les questions qui suscitent une réponse sont les questions posées de façon directe et sans porter de jugement. À titre de professionnels de la santé, les intervenants se sentent à l'aise pour poser des questions telles que *«Fumez-vous?»* ou *«Combien de cigarettes fumez-vous par jour?»* On peut utiliser la même approche lorsqu'il s'agit de l'alcool.

«Dans une semaine normale, combien de jours passez-vous à boire? Ces jours-là, combien de verres prenez-vous?»

Certaines personnes peuvent évidemment ne pas être prêtes à répondre à ces questions, et tenteront de les éviter en répondant *«Je ne bois pas»* ou *«Ça ne vous regarde pas.»*

Que répondre à cela? À titre d'intervenant, vous pouvez conclure que le client en est à l'étape de l'inaction. Rappelez-vous que l'objectif est d'établir une relation thérapeutique avec le client. Vous devez réfléchir à ce que vous gagnerez en posant des questions de ce genre. Vous aurez peut-être l'impression de tourner en rond, surtout si vous avez des preuves que le client continue de boire. Il est essentiel de bien vous connaître vous-même lorsque vous êtes en présence d'un client. Toutefois, l'expérience a démontré que le fait d'accepter chaque client à l'étape où il se trouve aide à maintenir de bons rapports avec lui. Penchez-vous sur les problèmes admis par le client. Vous aurez d'autres occasions de discuter de sa toxicomanie.

À cette étape, l'objectif est d'évaluer la situation et d'établir une relation de confiance. Il est primordial d'intéresser le client.

Q. : Si le client refuse de discuter d'alcoolisme ou s'il en est à l'étape de l'inaction, comment puis-je aborder le sujet de la toxicomanie?

R. : Vous pouvez poser d'autres questions :

«Quelles sont les contraintes que vous avez actuellement?» Vous donnez ainsi au client l'occasion d'établir un ordre de priorité.

«Comment vous en sortez-vous?» Vous lui donnez la chance d'élaborer des stratégies pour s'en sortir.

«Votre entourage se préoccupe-t-il de votre consommation d'alcool? Pourquoi pensez-vous qu'il s'en inquiète?» Ce type de question vous permet d'obtenir le point de vue du client et montre le raisonnement qu'il accepte.

«Quelles sont vos préoccupations?» Le logement? La santé? L'ennui? Le désespoir? La dépression? Vous aidez le client à évaluer sa qualité de vie. Qu'est-ce qui peut être fait pour combler ses besoins? Y a-t-il des aspects où vous, l'intervenant, pourriez vous impliquer? Qui d'autre pourrait s'impliquer?

Q. : Le client est de toute évidence ivre à mon arrivée. Que faire?

R. : Concentrez votre attention sur la situation et traitez-la : *«Puisque vous avez bu, cette rencontre ne nous apportera pas grand-chose. Par contre, je reviendrai la semaine prochaine, au même moment. Voici, j'ai inscrit le jour et l'heure sur ma carte.»*

Si le client a pris un verre mais qu'il est tout de même en état de communiquer, vous pouvez passer quelques minutes avec lui afin de découvrir pourquoi il a consommé de l'alcool. Il arrive que des clients prennent de l'alcool pour «se donner du courage» et être capables d'envisager la visite de l'intervenant.

Si le client boit toujours avant votre visite, vous pouvez adopter diverses approches. *«Je vois que vous buvez toutes les fois que je vous rends visite. Est-ce qu'il y a un autre moment de la journée que vous préféreriez?»* ou *«Je ne me sens pas bien ici. Lorsque vous buvez, notre rencontre ne mène à rien. Préférez-vous que je vienne tôt le matin et que nous prenions un café ensemble?»*

Modifier l'heure de la visite présente deux avantages :

1. Vous gagnez un peu de contrôle et vous obtenez certains renseignements en demandant au client les raisons pour lesquelles il commence à boire tôt le matin. Vous pouvez ainsi l'aider à élaborer des stratégies pour retarder l'heure à laquelle il prend le premier verre. *«À quelle heure pensez-vous qu'il est raisonnable de prendre un verre?»*

2. La consommation d'alcool est véritablement un problème lorsqu'elle perturbe des événements importants telles les visites de l'intervenant. Vous pouvez négocier avec le client pour déterminer un comportement acceptable. Chaque cas est unique. Faites preuve de créativité et évitez de porter un jugement. Soyez doux, juste et ferme.

Q. : Le client me demande de lui verser ou de lui apporter un verre. Que faire?

R. : C'est une situation difficile, mais la réponse est claire. «*Je suis ici pour vous aider à résoudre certains de vos problèmes récents. Comme nous n'avons que très peu de temps chaque semaine, il est important que vous ne consommiez pas d'alcool pendant que je suis ici.*»

Q. : Le client semble confus et consomme peut-être un peu d'alcool. Il prend des Valium^{MD} depuis plus de 15 ans et sa mémoire à court terme est défaillante. Que faire?

R. : Savez-vous pourquoi il prend du Valium? Est-ce vraiment nécessaire? Est-ce que le Valium dissimule un autre problème? Est-ce que le client pourrait s'en passer? Quel est le rôle de l'alcool dans tout ça? À quelle fréquence le client consomme-t-il de l'alcool? Quelle quantité d'alcool consomme-t-il? Quels points forts décelez-vous chez le client?

En définissant toutes les questions psychosociales mentionnées dans l'évaluation, vous pouvez cerner les aspects qui posent problème. Avec l'autorisation du client, vous pourriez communiquer avec son médecin pour établir un lien potentiel entre sa confusion mentale et la consommation de Valium^{MD} et d'alcool. Il s'agit ici d'un problème pour lequel vous pouvez faire appel à de l'aide extérieure. Les centres de traitement de la toxicomanie peuvent être en mesure de fournir des lignes directrices au médecin du client.

Q. : Un client me dit qu'il prend parfois un verre de sherry lorsque son fils lui rend visite. J'ai vu des caisses de bière vides empilées dans le hall d'entrée, mais il me dit que c'est son fils qui les a laissées là. Étant donné la mémoire défaillante du client, je ne sais pas du tout à quoi m'en tenir. Que puis-je faire?

R. : Arriver à connaître la vérité peut être parfois frustrant et exiger beaucoup de temps. Partez de ce que vous savez et de ce que le client admet : le verre de sherry à l'occasion. Servez-vous de cet élément comme point de départ pour discuter avec le client.

Q. : Si un client me demande combien d'alcool je consomme, que dois-je lui répondre?

R. : Puisque votre relation avec le client repose sur la franchise et la confiance, il est correct de répondre franchement. Puisque l'objectif est de faire ressortir les besoins du client, une réponse simple, franche et qui ramène l'attention sur le client est de mise. Vous pourriez répondre : *«Je crois à la modération. Et vous?»*

Chapitre 7

Études de cas

Études de cas

Les études de cas suivantes ont été rédigées en collaboration avec des intervenants qui travaillent avec des personnes âgées dans un milieu axé sur le client. Les récits sont basés sur des cas concrets et les conseils donnés résument l'opinion des intervenants et des membres d'une équipe de professionnels de la santé. Ces cas doivent uniquement servir de guide aux intervenants qui peuvent se trouver dans des situations semblables.

Étude de cas : Anne

Je suis prêtre dans une paroisse d'un petit village du Nord de l'Ontario. Anne, aujourd'hui âgée de 70 ans, a fréquenté cette paroisse toute sa vie. J'ai fait sa connaissance à mon arrivée ici, il y a sept ans. J'ai aussi connu son mari, Georges, qui est mort il y a deux ans. Georges buvait beaucoup. Leurs deux fils, aujourd'hui adultes, sont aussi de gros buveurs. Anne a connu des problèmes d'alcool alors qu'elle était dans la quarantaine, mais elle a réussi à les surmonter en retournant sur le marché du travail. Elle a travaillé jusqu'à l'âge de 65 ans.

Lors des visites paroissiales occasionnelles que j'ai faites au cours des deux dernières années, je me suis rendu compte qu'Anne se sent très seule et qu'elle n'a pas beaucoup d'amis proches au village. Elle parle de l'alcoolisme de son mari et de ses fils et dit comment cela l'a empêchée de se faire des amis. Elle s'inquiète aussi de l'orientation sexuelle de ses fils. Elle soupçonne un ami de la famille d'avoir commis de la violence sexuelle envers eux. Elle affirme qu'elle ne peut marcher la tête haute au village et qu'elle a honte des membres de sa famille, même si elle les aime beaucoup.

Elle dit parfois qu'elle n'a pas été une très bonne mère. Elle buvait beaucoup lorsque les enfants étaient jeunes et elle a réglé ce problème en retournant travailler, laissant les enfants seuls à la maison alors qu'ils auraient pu avoir besoin d'elle.

Depuis un an, j'ai remarqué que lorsque mes visites ont lieu à la fin de l'après-midi, Anne a habituellement bu avant mon arrivée. Elle m'offre une bière. Même si je préfère un thé, elle continue de boire de la bière. Anne a manqué la messe deux ou trois fois au cours des deux derniers mois, ce qui est tout à fait inhabituel.

Il existe dans la paroisse un groupe de soutien pour personnes affligées et j'aimerais qu'Anne s'y joigne. Elle se rendrait vite compte qu'elle n'est pas la seule à avoir ce genre de problèmes. L'alcoolisme est très répandu dans ce village et le sujet revient assez souvent sur le tapis. Mais Anne se contente de répéter qu'elle serait incapable de se joindre à un groupe et qu'elle ne discuterait jamais de ses problèmes avec des étrangers.

Il n'existe pas de programme officiel dans notre collectivité. Anne déclare qu'elle ne voudrait jamais que les habitants du village la croient alcoolique. De toute façon, elle dit qu'elle ne boit pas tant que ça.

Je peux continuer à rendre visite à Anne à l'occasion, mais je m'inquiète de son isolement et de ce qui semble être une consommation accrue d'alcool. Elle me parle peu de sa consommation. Mes inquiétudes ne sont fondées que sur mes observations. Qu'est-ce que je peux faire? Où pourrais-je l'envoyer pour obtenir de l'aide?

ÉVALUATION

Même s'il n'y a pas eu d'évaluation formelle, le prêtre a su reconnaître les points forts d'Anne et ses difficultés. Anne semble lui faire confiance, elle lui a même fait beaucoup de confidences. Le travail normalement effectué au cours de la période d'évaluation, cerner les points forts et les difficultés du client et établir avec lui une relation de confiance, est à toutes fins utiles terminé. Un élément reste à éclaircir : à quel point Anne est-elle consciente de ce travail, a-t-elle le désir de changer, et jusqu'à quel point en est-elle capable?

PROBLÈMES

Les problèmes qui minent la qualité de vie d'Anne sont d'ordre social, psychologique et spirituel. Ces difficultés se manifestent de diverses façons telles l'augmentation de la consommation d'alcool (vraisemblablement quotidienne), l'isolement social et la solitude, les sentiments de honte, la culpabilité et les remords. Elle souffre de l'éloignement de ses fils qui habitent maintenant la ville et elle aimerait les voir plus souvent. Ils lui téléphonent et lui rendent parfois visite. Anne ne semble pas entretenir de liens étroits avec des amis ou des membres de sa parenté qui pourraient l'aider. Jusqu'à maintenant, Anne a été incapable de prendre les mesures qui s'imposent pour changer sa situation.

POINTS FORTS ET MOTIVATIONS

Anne a admis avoir déjà eu un problème de consommation d'alcool et avoir réussi à faire ce qu'il fallait pour y remédier. Elle a pu conserver un emploi productif. Elle est consciente de ses émotions (honte, culpabilité, remords). Elle admet avoir de la difficulté à accepter l'orientation sexuelle de ses fils, mais elle reste en contact avec eux, et eux avec elle. Elle a réussi à établir

une relation avec le prêtre et peut discuter ouvertement de
sa situation avec lui.

DISCUSSION

Anne connaît les ravages que l'alcool peut causer. Mais s'arrêter
sur cet aspect de sa situation ne ferait que renforcer les sentiments
négatifs qu'elle éprouve envers elle-même. Elle doit plutôt
concentrer ses efforts sur la source de ces sentiments négatifs
et s'appuyer sur ses réussites passées pour se refaire des forces
et recommencer. Le conseiller pourrait lui poser des questions
formulées comme celles-ci :

«Y a-t-il eu un temps où vous buviez moins?»
«Croyez-vous que votre vie était plus stressante à cette époque?»
«Comment consommer de l'alcool vous aide-t-il aujourd'hui?»
«Quels inconvénients voyez-vous au fait de consommer de l'alcool?»

Ces questions sont destinées à vous faire découvrir le point de
vue du client et son opinion sur le problème.

«Quelles sont les contraintes que vous avez actuellement?»

Cette question permet au client d'établir un ordre de priorité.

«Comment vous en sortez-vous?»

Cette question est une invitation à énumérer les stratégies d'adaptation, stratégies qui peuvent comprendre la consommation d'alcool.
(La cliente peut répondre, par exemple : *«Je suis tellement inquiète
de ne pas arriver à dormir. Les questions tournent constamment
dans ma tête. Je sais qu'une ou deux bières vont m'aider.»*)

TYPOLOGIE

Selon la partie du chapitre 2 traitant de la typologie des toxicomanies, Anne présente les caractéristiques propres aux usagers abusifs *intermittents* et *tardifs*. Elle a eu des problèmes d'alcool, mais elle a été capable d'arrêter de boire et de mener longtemps une vie sans les effets négatifs de l'alcool. Plus tard, elle a traversé plusieurs événements pénibles — décès de son mari, inquiétudes à propos de ses fils, isolement social et solitude — qui l'ont vraisemblablement portée à recommencer à boire de façon abusive.

ÉTAPES DU CHANGEMENT

Anne semble en être à l'étape de la prise de conscience en ce qui a trait à sa consommation d'alcool, et à l'étape de la préparation pour ce qui est des autres problèmes, comme le montre sa disposition à en parler. Elle refuse de se joindre aux Alcooliques anonymes (AA), affirmant ne pas boire tant que ça «pour l'instant». Elle sait aussi qu'elle ne veut pas discuter de ses problèmes avec des étrangers. Cela ouvre la porte à une discussion en profondeur sur sa consommation d'alcool et à la recherche de solutions qui lui seraient acceptables. Il y a un certain nombre d'années, elle a résolu son problème de consommation d'alcool par le travail; aujourd'hui, des activités comme le bénévolat pourraient être la solution à son problème.

PLAN D'ACTION

Le problème le plus pressant aux yeux d'Anne est sa relation avec ses fils. Elle aimerait se rapprocher d'eux. Elle entretient également des sentiments de culpabilité et des remords face à la façon dont elle s'est acquittée de son rôle de mère. Ses fils sont quand même restés en contact avec elle; ce fait est un bon point de départ. Si le prêtre pouvait lui rendre visite un peu plus souvent, il pourrait explorer avec elle son sentiment de culpabilité.

«Vous avez dit qu'à un moment de votre vie, vous consommiez beaucoup d'alcool et que vous avez été capable d'arrêter lorsque vous êtes retournée sur le marché du travail. Pourriez-vous m'en dire un peu plus sur cette période? Comment pensez-vous que cela a pu aider vos fils? Comment avez-vous réagi à cette situation?»

Les efforts doivent porter sur les points forts d'Anne et sur des moyens pratiques de la rapprocher de ses fils. Il serait sans doute utile qu'elle tente d'y voir clair dans ses sentiments face aux diverses orientations sexuelles.

«Il y a beaucoup de confusion aujourd'hui en ce qui a trait à l'orientation sexuelle. Il semble que nous apprenions constamment de nouvelles choses sur les différences entre les gens. Avez-vous réussi à démêler vos sentiments face aux diverses orientations sexuelles? Je sais que l'Église a toujours eu une attitude très rigide à cet égard, mais elle aussi a commencé à étudier cette question.»

Le prêtre devrait se demander s'il est la bonne personne pour aider Anne à y voir clair dans ses sentiments face à cette question. Quels sont ses propres sentiments face aux diverses orientations sexuelles, quelle opinion a-t-il à cet égard? Le prêtre étant un ecclésiastique en qui Anne a confiance, il est très bien placé pour l'aider à composer avec son sentiment de culpabilité et ses remords. Lorsqu'elle commencera à se sentir en paix avec elle-même, il devrait peut-être tenter de la convaincre de se joindre au groupe de soutien pour personnes affligées ou l'inciter à choisir une autre activité.

La relation entre Anne et le prêtre étant une relation amicale et fondée sur la confiance, il devrait se sentir tout à fait à l'aise d'exprimer son inquiétude face à ce qu'il considère être une consommation accrue d'alcool, sans toutefois s'attendre à ce qu'Anne modifie immédiatement son comportement. La clé du succès est de travailler avec elle à résoudre les problèmes qu'elle considère importants et de profiter de toutes les occasions qui se présentent pour souligner ses points forts chaque fois qu'ils se manifestent tout en continuant de lui faire prendre conscience de sa consommation abusive d'alcool et en lui soulignant que cela pourrait l'empêcher d'atteindre ses objectifs.

AUTRES RESSOURCES ET ACTIVITÉS

- Médecin de famille, surtout s'il s'agit d'une relation de longue date
- Ouvrages spirituels, en particulier ceux qui traitent des moyens de diminuer le sentiment de culpabilité et les remords
- Exercice physique, marche ou cours où Anne pourra travailler seule ou en groupe, mais où elle se sentira moins menacée que si elle participait à une discussion de groupe

Étude de cas : Paul

On m'a demandé, à titre de membre de l'équipe de soins à domicile, de rendre visite à Paul, âgé de 63 ans. La situation de Paul s'était détériorée au point que les bénévoles de la popote roulante s'inquiétaient sérieusement de son bien-être. Paul avait de longs antécédents de consommation abusive d'alcool, tant dans sa vie sociale qu'au travail. Il avait été emprisonné à plusieurs reprises pour ivresse au volant. Il avait aussi mentionné des antécédents familiaux d'alcoolisme. Depuis quelques années, il buvait de plus en plus lorsqu'il était seul. Il buvait seul dans son appartement, ne travaillait plus, n'avait aucun contact social ni loisir valorisant.

Sa santé chancelante semblait limiter ses activités. Il buvait, semble-t-il, pour contrer la solitude, la dépression et l'ennui. Pourtant, il s'était déjà souvent abstenu de boire (pour des périodes allant jusqu'à deux ans). Paul disait prendre deux ou trois verres par jour, mais à en juger par son apparence, ses sautes d'humeur et les bouteilles vides, il était évident qu'il sous-estimait sa consommation d'alcool.

C'est lorsqu'il buvait qu'il était le moins actif. Il se négligeait et négligeait l'état de son appartement. Dans ce cas, la négligence était grave : nourriture moisissante, coquerelles, vers et ordures ont poussé le propriétaire à se plaindre. Paul négligeait aussi son alimentation et laissait moisir des repas intacts de la popote roulante. Il souffrait aussi d'un certain nombre de problèmes de santé (hernie hiatale accompagnée d'une sténose de l'œsophage, troubles convulsifs, douleur thoracique) et était peu disposé à obtenir de l'aide médicale, surtout lorsqu'il buvait. Il ne prenait pas ses médicaments, sauf des analgésiques (l'intervenant soupçonnait Paul d'en faire une consommation abusive).

$\sim$

ÉVALUATION

Paul n'ayant pas demandé d'évaluation aux services de soins à domicile ni l'aide d'un professionnel de la santé, nous nous heurtions d'emblée à un problème. Puisque l'organisation qui avait dépisté le problème était la popote roulante, nous avons suggéré aux responsables de poser la question suivante à Paul : *«Est-ce que le travailleur des soins à domicile peut venir vérifier vos besoins alimentaires la semaine prochaine?»* Paul a accepté, indiquant toutefois clairement que l'organisme se mêlait de ce qui ne le regardait pas mais qu'il s'en fichait. Le premier obstacle était franchi.

La première visite a duré environ 45 minutes. Paul était réticent à participer. Il a déclaré sans ambages qu'il n'avait pas besoin d'aide et que cette visite était un gaspillage de l'argent des contribuables. Conformément au programme de la popote roulante, l'organisme qui avait attiré l'attention sur le cas de Paul, l'intervenant a entamé la discussion en parlant d'abord d'un sujet neutre, l'alimentation de Paul, de son appétit et de sa tolérance aux aliments. Cela a tout naturellement mené à une discussion sur son état de santé en général (un sujet habituellement valorisant pour les deux interlocuteurs), ce a permis à l'intervenant de donner quelques renseignements sur l'alimentation et l'usage de médicaments et d'en venir éventuellement à une discussion sur la consommation d'alcool.

Paul en voulait à son propriétaire, et ce problème ouvrait la porte à d'autres discussions. Quelle importance Paul accordait-il à son indépendance? Que pouvait-il faire pour s'assurer de la conserver? Comment s'y était-il pris auparavant? Paul et l'intervenant pourraient-ils mesurer le pour et le contre? *«Bravo Paul. Nous avons fait un grand bout de chemin. Est-ce que je peux revenir la semaine prochaine? J'aimerais vous aider à explorer certaines de ces possibilités.»*

LES PROBLÈMES

Paul a reconnu avoir des problèmes de santé, mais il a aussi manifesté une grande réticence à les régler. Son attitude se résumait à *«On n'apprend pas à un vieux singe à faire la grimace. Quelle différence est-ce que ça va faire? Je m'en suis tiré jusqu'à maintenant.»*

POINTS FORTS ET MOTIVATION

Paul est disposé à discuter ouvertement d'un éventail de questions, point important lorsque l'intervenant et le client envisagent de faire des changements. En ce qui a trait à sa consommation d'alcool, Paul a traversé des périodes d'abstinence. L'intervenant peut lui demander : *«Comment avez-vous réussi à faire cela?»* Si l'intervenant peut aider Paul à reconnaître ses réussites et à se rappeler exactement comment il y est parvenu, il pourra lui demander d'user des mêmes stratégies. Aucun nouveau concept, aucune nouvelle aptitude à acquérir! La conversation pourrait se dérouler ainsi :

L'intervenant : *«Alors Paul, vous avez été capable de vous abstenir d'alcool pour une longue période en 1978. C'est toute une réussite. Ça m'aiderait de savoir comment vous y êtes parvenu. Comment avez-vous fait, au jour le jour, pour ne pas boire?»*

Paul : *«Je n'en sais rien. Je l'ai fait. C'est tout.»*

L'intervenant : *«Vous rappelez-vous ce qui s'est passé dans votre vie, ce qui vous a poussé à prendre la décision d'arrêter de boire?»*

Paul : *«Bien, j'ai été malade pendant un certain temps.»*

REMARQUE : Paul aurait pu mentionner une autre situation :

menace d'expulsion, départ de sa femme, problèmes juridiques, froid avec les membres de sa famille, mais peu importe le problème, Paul a réagi : il a arrêté de boire. L'intervenant peut tenter de déterminer ce qui a incité Paul à arrêter de boire à partir de cette déclaration, et s'en servir comme point de départ de son intervention.

L'intervenant : «*On m'a dit que vous vous étiez très bien adapté à cette situation stressante. Aujourd'hui, vous êtes aux prises avec d'autres problèmes. Quel avantage verriez-vous, maintenant, à réduire votre consommation d'alcool pour un certain temps?*»

Paul : «*Le propriétaire me laisserait peut-être tranquille (ou mes douleurs à l'estomac disparaîtraient peut-être).*»

L'intervenant : «*Oui, c'est bien possible. Qu'est-ce qui fait que vous trouvez difficile d'arrêter de boire?*»

Paul : «*J'aime boire. Je ne veux pas vivre un sevrage. Je n'ai rien d'autre à faire. Je reste enfermé ici toute la journée. Je peux même me faire livrer de la bière. Vous voulez d'autres raisons?*»

L'intervenant :
(avec une pointe d'humour) «*Bien Paul, j'ai bien peur que ça ne sera pas facile pour vous de réduire votre consommation d'alcool. Peut-être qu'on pourrait travailler ensemble là-dessus?*»

DISCUSSION

Paul n'est manifestement pas prêt à apporter des changements importants dans sa vie. Par contre, il pourrait être disposé à répondre à quelques questions subtiles qui permettraient d'enclencher le processus de réflexion.

«Est-ce qu'il y a eu des périodes où vous ne buviez pas? Qu'est-ce qui était différent dans votre vie à ce moment-là?»

TYPOLOGIE

Selon la partie du chapitre 2 traitant de la typologie des toxicomanies, Paul présente les caractéristiques propres aux usagers abusifs *précoces*. Ce fait a un impact important sur l'élaboration d'un plan de traitement. Les caractéristiques qui différencient un usager abusif précoce des autres usagers sont : 1) l'abus d'alcool a eu un effet visible sur la santé du client et 2) le client peut être assez enclin à discuter de changements, mais son expérience du sevrage et l'échec du traitement sont souvent des facteurs qui le rendent réticent à faire une nouvelle tentative. Paul présente en outre des symptômes de mauvais usage de médicaments.

ÉTAPES DU CHANGEMENT

On pourrait situer Paul à l'étape de l'inaction. Il a parlé de son problème d'alcool sans toutefois indiquer qu'il a l'intention de changer. Les autres reconnaissent l'existence du problème, mais Paul ne le voit pas.

PLAN D'ACTION

On peut élaborer un plan d'action à partir de ce que l'on sait de Paul. L'intervenant jouera le rôle de motivateur, de fournisseur de ressources et de conseiller. Ces tâches sont habituellement

couvertes par le mandat des organisations de soins de santé
et elles s'inscrivent dans leur philosophie; les organisations
s'intègrent alors facilement au plan de traitement.

Avec le consentement de Paul, l'intervenant pourrait communiquer avec la popote roulante et le propriétaire pour leur faire
savoir qu'il s'efforce, avec la collaboration de Paul, d'améliorer
la situation de ce dernier. Il est à espérer que la démarche de
l'intervenant auprès du propriétaire vaudra un peu de temps
et de latitude à Paul.

*«Je comprends votre dilemme. Vous devez vous préoccuper
aussi des autres locataires. Pouvez-vous me donner un peu
de temps? La situation s'améliorera ou je trouverai un autre
logement à Paul.»*

AUTRES RESSOURCES ET ACTIVITÉS

- Médecin (la majorité des problèmes de santé de Paul peuvent
  être traités ou soulagés)
- Clubs de personnes âgées, bénévolat, passe-temps, marche,
  prendre l'autobus, bibliothèques
- Amis et membres de la famille
- Le client possède des points forts auxquels on ne s'est
  pas encore intéressé

Annexe
A

Renseignements supplémentaires

Renseignements supplémentaires

Centre canadien de lutte contre l'alcoolisme et les toxicomanies (CCLAT)
Le Centre canadien de lutte contre l'alcoolisme et les toxicomanies offre des renseignements sur la nature, l'ampleur et les conséquences de la consommation d'alcool et de drogues; il appuie et aide les organismes chargés du traitement, de la prévention et des programmes d'éducation.
Téléphone : 613-235-4048   Télécopieur : 613-235-8101
http://www.ccsa.ca/cclat.htm

Drogue et alcool – Répertoire des traitements (DART)
DART offre des renseignements aux professionnels et au public sur les programmes de traitement et leur disponibilité en Ontario.
Téléphone : 1-800-565-8603

Enrichissement à la vie des aînés (LESA)
Le programme offre des services de counseling à domicile et de soutien de groupe aux aînés qui éprouvent des problèmes liés à la consommation d'alcool et de drogues psychotropes, ainsi qu'au vieillissement. Il met l'accent sur les changements au mode de vie et l'amélioration générale de l'état de santé. LESA offre des services en français et en anglais dans la région d'Ottawa-Carleton.
Téléphone : 613-563-4799   Télécopieur : 613-563-0163

Fondation de la recherche sur la toxicomanie (ARF), une division du Centre de toxicomanie et de santé mentale

L'organisme opère une ligne téléphonique sans frais qui donne des renseignements confidentiels sur l'alcool et les autres drogues. Le site Web de la ARF dresse une liste complète des documents disponibles sur des questions liées à la toxicomanie.

Téléphone : 1-800-INFO-ARF

http://www.arf.org

Programme d'évaluation et de traitement de l'alcoolisme et de la toxicomanie chez les personnes âgées (COPA)

Le programme constitue un service d'aide aux aînés éprouvant des problèmes liés à l'alcool et aux autres drogues. Il est conçu pour aider les gens à déterminer la source de leurs problèmes, à réduire ou à éliminer la consommation d'alcool ou de drogues et à trouver des solutions de rechange saines. Il dessert le secteur ouest de Toronto. COPA offre un service de consultation téléphonique et de désintoxication à domicile.

Téléphone : 416-516-2982   Télécopieur : 416-516-2984

Réseau électronique de toxicomanie – Ontario (RÉTO)

Ce réseau informatique interactif offre des services liés à la toxicomanie, des nouvelles et des événements, des offres d'emploi, des programmes et des partenariats.

http://sano.arf.org

Santé Canada

Le site Web de Santé Canada offre des renseignements à jour sur les recherches, les projets communautaires et les programmes innovateurs de tous les paliers de gouvernement, des organismes non gouvernementaux et du secteur privé.

http://www.hc-sc.gc.ca

Service de consultations cliniques en toxicomanie (SCCT)
Ce service fournit des renseignements aux professionnels des services sociaux et de la santé de l'Ontario ainsi que des conseils techniques sur des questions comme les complications médicales résultant de la consommation de drogues et d'alcool, les interactions entre les médicaments, la gestion des clients toxicomanes, du counseling individuel, conjugal et familial.
Téléphone : 1-888-720-2227

Services locaux de traitement de la toxicomanie
Pour de plus amples renseignements, prière de vérifier l'annuaire téléphonique ou de composer le numéro sans frais de Drogue et alcool – Répertoire des traitements (DART), mentionné plus haut.

Annexe
B

Formulaire de contrôle

Formulaire de contrôle

OBJECTIF DE CONSOMMATION HEBDOMADAIRE
15 verres (maximum)

Objectif de consommation hebdomadaire : 15 verres

Jour	Consommation/ Quantité	Endroit/ Situation	Médicaments/ Quantité
Lundi	2 bières	à la maison/en jouant aux cartes avec des amis	Tylenol^MD
Mardi	2 bières	seul à la maison	Tylenol^MD
Mercredi	4 bières ou verres de vin	à l'extérieur avec des amis	Médicament contre les nerfs au coucher
Jeudi	aucune consommation		Médicament contre les nerfs au coucher
Vendredi	2 bières	seul à la maison	
Samedi	3 bières	en regardant la télévision	
Dimanche	3 bières	en regardant la télévision	Tylenol^MD

TOTAL   16 bières, un verre de vin

Médication actuelle :

Rivotril^MD pour l'insomnie

Tylenol # 1^MD pour maux de tête occasionnels

Coumadin^MD pour un accident cérébrovasculaire subi

il y a quelques années

Formulaire de contrôle

OBJECTIF DE CONSOMMATION HEBDOMADAIRE

_____ (maximum)

Jour	Consommation/ Quantité	Endroit/ Situation	Médicaments/ Quantité
Lundi			
Mardi			
Mercredi			
Jeudi			
Vendredi			
Samedi			
Dimanche			

TOTAL

Médication actuelle :

_____

_____

_____

Bibliographie

Bibliographie

ANNIS, H.M. *Questionnaire de la Liste des occasions de consommation d'alcool (LOCA)*, Toronto, Fondation de la recherche sur la toxicomanie, 1982.

BARON, J. ET CARVER, V. «Substance abuse and older clients» dans S. Harrison et V. Carver (éditeurs), *Alcohol and Drug Problems: A Practical Guide for Counsellors* (2ᵉ édition), Toronto, Fondation de la recherche sur la toxicomanie, 1997.

BERGIN, B. ET BARON, J. *Enrichissement à la vie des aînés (LESA) qui ont des problèmes de consommation d'alcool et de médicaments psychotropes*, Ottawa, Centre communautaire du centre-ville, 1992.

FONDATION DE LA RECHERCHE SUR LA TOXICOMANIE. *Une question de choix : Guide d'intervention communautaire pour promouvoir l'usage sécuritaire de l'alcool et des médicaments parmi les aînés*, Toronto, Fondation de la recherche sur la toxicomanie, 1995.

FONDATION DE LA RECHERCHE SUR LA TOXICOMANIE. *La majorité oubliée : Guide sur les questions de toxicomanie à l'intention des conseillers qui travaillent auprès des femmes*, Toronto, Fondation de la recherche sur la toxicomanie, 1996.

FONDATION DE LA RECHERCHE SUR LA TOXICOMANIE. *L'alcool et votre santé, une question d'équilibre, Directives de consommation d'alcool à faible risque*, Toronto, Fondation de la recherche sur la toxicomanie, 1997.

FONDATION DE LA RECHERCHE SUR LA TOXICOMANIE,
ENRICHISSEMENT À LA VIE DES AÎNÉS. *Options :*
Prévention et intervention concernant les problèmes d'alcool
et de drogues chez les aînés, Toronto, Fondation de la recherche
sur la toxicomanie, 1993.

GRAHAM, K., SAUNDERS, S.J., FLOWER, M.C. ET COLL.
Addictions Treatment for Older Adults: Evaluation of an
Innovative Client-Centred Approach, New York, The Haworth
Press, 1995.

JACOBS, M.R. ET O'B. FEHR, K. *Drugs and Drug Abuse:*
A Reference Text (2ᵉ édition), Toronto, Fondation de la recherche
sur la toxicomanie, 1987.

KAHAN, M. «Physical effects of alcohol and other drugs», dans
S. Harrison et V. Carver (éditeurs), *Alcohol and Drug Problems:*
A Practical Guide for Counsellors (2ᵉ édition), Toronto, Fondation
de la recherche sur la toxicomanie, 1997.

PROCHASKA, J.O., NORCROSS, J.C. ET DICLEMENTE, C.C.
Changing for Good, New York, William Morrow, 1994.

REEVES, J. *Fables from Aesop Retold by James Reeves*, London,
Blackie of London and Glasgow, 1961.

WEST, P. ET GRAHAM, K. *Participatory research on innovative*
addictions treatment for older adults: Clients of the LESA program
describe what makes a difference, rapport non publié pour la
Fondation de la recherche sur la toxicomanie, Toronto, 1997.

www.ingramcontent.com/pod-product-compliance
Lightning Source LLC
Chambersburg PA
CBHW081155270326

41930CB00014B/3166

* 9 7 8 0 8 8 8 6 8 7 7 4 6 *